Dónde
la compasión
empieza

RECONOCIMIENTO POR *DÓNDE LA COMPASIÓN EMPIEZA*

Jared Seide ofrece prácticas comprobadas que pueden transformarle en un maestro de la compasión. Él habla directamente al profundo anhelo del corazón humano de conectarse con los demás y unirse a sus alegrías y sufrimientos de maneras que sean útiles y vivificadoras. Aprecie este libro siempre - le ayudará a convertirse en la persona que siempre ha querido ser.

—Roshi Wendy Egyoku Nakao
Abad Emérito & Director
Centro Zen de Los Ángeles

Me introdujeron a la práctica del concilio cuando era Inspector General del sistema penitenciario de California. Como Presidente de la Junta de Supervisión de Rehabilitación de California, busqué programas innovadores que pudieran ayudar a mejorar nuestro sistema penitenciario y a los hombres y mujeres que cumplen sus condenas. Tuve la oportunidad de ver cómo se aplica el concilio dentro de las prisiones de máxima seguridad con hombres que cumplen condenas perpetuas, y personalmente observé el impacto emocional en ellos, algunos de los cuales habían perdido por completo el contacto con su capacidad de sentir. También tuve otras oportunidades de desarrollar mi propia práctica de conciencia plena a través de mi asociación con Jared y el concilio. Así que he tenido el privilegio de cosechar los beneficios personal y profesionalmente. Ahora me encuentro en un nuevo papel como Comisionado de Libertad Condicional que toma decisiones sobre la vida de los demás cada día.

Mi propia práctica me ayuda a guiarme y me permite ver y escuchar a todos los involucrados en el proceso; las víctimas, los encarcelados y los que trabajan dentro de nuestro sistema de justicia penal. No pasa una semana en la que no recuerde que el trabajo del concilio en las cárceles está cambiando vidas, ya sea por el cambio que puedo ver y escuchar de los encarcelados que han participado, y ahora están equipados para reingresar a la sociedad, o por el hecho desafortunado de que el programa no está disponible en muchas prisiones, y su ausencia es evidente en la falta de inteligencia emocional mostrada por algunos encarcelados en esas prisiones. Espero que este libro ayude a llenar ese vacío. Mejorar la mente de un hombre hará que él oiga mejor; mejorar el corazón de un hombre hará que escuche mejor; al mejorar ambos, su alma será mejor. El concilio tiene la capacidad de hacer esto, y Jared es uno de los Que Cambian Almas.

—Robert Barton
Ex Inspector General – Comisionado de Libertad Condicional
Estado de California

Comenzando con la compasión y atravesando los espacios de conversaciones significativas - precisamente porque son incómodas y desafiantes - Jared nos lleva a través de la estructura del proceso del concilio y, más significativamente, al corazón de la escucha para comprender, aprender y atender a nuestra humanidad. Esta es la práctica de la conciencia plena que ofrece esperanza a través de nuestras diferencias y profundas divisiones, un camino que no podría ser más necesario u oportuno en este momento en nuestras comunidades y nuestra nación. Este libro es realmente un regalo para nuestros tiempos.

—John Paul Lederach
Profesor Emérito de Consolidación internacional de la paz
Universidad de Notre Dame
Autor de *La imaginación moral: El arte y el alma de la Construcción de la Paz*

Este libro único llega en un momento crítico en nuestras vidas cuando el mundo necesita que cada uno de nosotros deje de lado nuestros juicios, nuestro lenguaje divisivo, y se unan de la manera más significativa para lograr la paz, el respeto y la compasión por sí mismo, por aquellos que conocemos, aquellos con los que nos encontramos, aquellos a quienes servimos y aquellos que conoceremos. La notable experiencia de Jared en llevar la práctica del concilio a las organizaciones, particularmente aquellas en el ámbito de la seguridad pública, es, en mi experiencia como jefe de policía, un componente clave en la curación de la brecha entre la policía y las comunidades a las que sirven. Lo que hemos estado haciendo no ha funcionado. Necesitamos un nuevo enfoque. El libro de Jared explica cómo lograr esta conciencia, la capacidad de prestar atención y, lo que es más importante, sin juzgar a los demás.

Este libro es verdaderamente un regalo para el mundo que permitirá al lector construir la capacidad de vivir una vida de compasión, de una manera hábil, que es beneficiosa para todos. Creo firmemente que la compasión es la puerta de entrada para lograr los resultados deseados y el cambio que se necesita desesperadamente. He experimentado personalmente el poder de la práctica del concilio en entornos que reunieron a activistas, policías, clérigos y personas que habían estado encarceladas, lo que resultó en profundas conexiones auténticas entre ellos, facilitando la capacidad de percibirse y experimentarse mutuamente a través de la lente de nuestra humanidad compartida. Qué impresionante sería si incluyéramos este libro en nuestras academias de policía como base para todas las demás capacitaciones. Esa es mi esperanza.

—Jennifer Tejada
Jefe de Policía, jubilado
Departamento de Policía de Emeryville
Departamento de Policía de Sausalito

El concilio nos llama a experimentar "al otro" a través de la escucha cuidadosa y atenta. El gran sabio Hillel imploró: "Si no estoy para mí, ¿quién estará para mí? Y si sólo estoy para mí, ¿qué soy 'yo'?" El nuevo libro de Jared Seide, Dónde La Compasión Empieza, nos lanza en un viaje para estar realmente allí para nosotros mismos, para que realmente podamos prepararnos para estar allí para los demás.

—Rabino Yechiel Hoffman
Director de E.E.U.U.
Jewish Interactive

Me complace ver la creación del nuevo libro de Jared Seide, Dónde La Compasión Empieza. *Estoy seguro de que este recurso actuará como un gran suplemento al plan de estudios actual y ayudará a otros a comprender mejor la importancia de la conciencia plena y otras tradiciones de sabiduría. El trabajo de Jared Seide con Center for Council dentro de las prisiones de California ha cambiado muchas vidas.*

—Dr. Brant Choate
Director de Programas de Rehabilitación
Departamento Correccional y de Rehabilitación de California

Dónde La Compasión Empieza *es exactamente lo que se necesita ahora para llevar la esencia de la comunicación compasiva más plenamente al mundo contemporáneo. Jared Seide ha tejido las prácticas del concilio y la meditación de una manera personal y accesible que apoya las prácticas tangibles de la vida a lo largo del camino del corazón;* Dónde La Compasión Empieza *es un puente imaginativo desde las raíces tradicionales del concilio y la meditación hasta este momento en la evolución, con referencias contemporáneas a la ciencia, la medicina y la comprensión reciente de la condición humana.*

—Jack Zimmerman
Ex Director de la Fundación Ojai
Autor de *El camino del concilio*

Dónde la compasión empieza

Prácticas fundamentales
para mejorar la atención plena,
el enfoque y el escuchar desde el corazón

Jared Seide

Derechos de Autor © 2021 por Jared Seide.

Diseño del libro por Scout James.

Todos los derechos reservados..

ISBN 978-1-7374622-5-5

No se puede reproducir ninguna parte de este libro en ningún asunto, incluyendo el almacenamiento de información, o la recuperación, en su totalidad o en parte (a excepción de una breve cita en artículos críticos o reseñas), sin el permiso por escrito del autor o su representante.

El trabajo reproducido y citado en este documento se utiliza con el permiso de los autores, traductores o editores. El material sobre la metodología del concilio desarrollado y enseñado en la Fundación Ojai, con reconocimiento a Jack Zimmerman, Virginia Coyle, Marlow Hotchkiss y otros. Poema de Black Elk reproducido de *Black Elk Speaks: The Complete Edition* con permiso de la editorial University of Nebraska Press. Derechos de Autor 2014 por la Junta de Regentes de la Universidad de Nebraska. Extracto de *Kitchen Table Wisdom* de Rachel Naomi Remen, M.D., derechos de autor © 1996 por Rachel Naomi Remen, M.D., utilizado con permiso de Riverhead, un sello de Penguin Publishing Group, una división de Penguin Random House LLC, todos los derechos reservados. Apéndices utilizados con permiso de los autores: Ann Seide, Julia Mason Wasson y Camille Ameen.

Puede obtener más información sobre la labor del Center for Council en su sitio web, www.centerforcouncil.org, o escribiendo a: Center for Council, PO Box 292586, Los Ángeles, CA, 90029.

DEDICACIÓN

Esto está dedicado a la silla vacía,

a todos aquellos cuya ausencia traemos al concilio,

a aquellos en cuyos hombros nos apoyamos

y a los que anhelan unirse a nosotros, aunque todavía no lo sepan.

Que esta práctica sea beneficiosa tanto para nosotros como para todos ellos..

TABLE OF CONTENTS

Prólogo..xiii

Reconocimientos xv

Cómo utilizar este libro xix

PARTE 1

¿QUÉ ES CONCILIO?..1

Principios de orientación 7
Los cinco elementos básicos de concilio 11
Claves para escuchar desde el corazón 15
Claves para hablar desde el corazón...17
Componentes claves y definiciones 19
Formatos básicos para los círculos de concilio.......................................27
La meditación y el concilio 33
Prácticas del diálogo cultural mundial 39
Un experimento de reflexión...43
Rostros y voces del concilio 45

PARTE 2

PROFUNDIZACIÓN DE LA PRÁCTICA DEL CONCILIO: TEMPORADAS DE CONCIENCIA 55

La consciencia física..67

Lenguaje corporal..71
El estrés 75
Sueño...81
Respiración...87
Relajarse..93
Nutrición 97

La consciencia mental 103

Crítica interna, pensamientos negativos 107
Perspectiva y visión 113
Sesgo 117
Cambiar de opinión 125
Atención/enfoque 129
Mente divagante 133

La consciencia emocional 139

Regulación de las emociones 143
Ira 147
Gratitud 153
Empatía 159
Happiness 163
Vulnerabilidad 169

La consciencia social y energética 175

Visión 179
Compasión 185
Sin prejuicios 191
Comunidad 197
Asombro 203
Más allá de nosotros y ellos 207

Nota final 213
El concilio y la ciencia del estrés 217
El concilio en las escuelas 225
Juegos para el concilio 235
Fuentes seleccionadas para lectura adicional 245

Prólogo

¡Saludos!

Es un placer encontrarlo aquí. Gracias por tomarse el tiempo para participar en la conversación que invita este libro. El mismo ha sido creado como una fuente de apoyo para aquellos que ya han tenido la oportunidad de sentarse en un círculo del concilio, que hayan participado en un entrenamiento del concilio, o que hayan ejercido en el concilio durante un tiempo. O quizás, su curiosidad ha sido motivada por una referencia o recomendación y está aquí para saber más. De cualquier forma, este libro tiene el propósito de que usted pueda iniciar, o continuar y profundizar, su conversación con la práctica del concilio. La idea es que pronto se encuentre en un círculo con otros, porque el concilio en sí es el mejor maestro.

La palabra "concilio" se deriva de la palabra en latín consilium, la cual significa "una reunión de personas." Esto puede sonar como una definición muy simple; sin embargo, en su núcleo eso es lo que es el concilio. El mismo nos ofrece una invitación a llevar nuestra humanidad esencial a la presencia de los demás; nos reunimos con la intención de ofrecer consideración y compartir nuestra historia emergente. Este no requiere que nos adhiramos a ningún sistema de creencias o camino espiritual en particular; tampoco requiere de experticia o antecedentes. La invitación es para que usted se presente como realmente es y saque lo mejor de sí, o lo mejor que pueda en el momento. El concilio es un sitio donde todos tienen un lugar y son valorados.

Nos aseguramos de crear un círculo inclusivo y recordamos qué significa el hablar y escuchar el uno al otro con una buena intención y "desde el corazón."

Comúnmente, la interacción humana es coloreada por el prejuicio, la agenda, el análisis, la opinión, el sesgo y la preferencia. Pero ¿qué pasaría si la práctica de escuchar y hablar se ofreciera sin condiciones? ¿Qué pasaría si sintiéramos el permiso de decir lo que realmente sintiéramos en el momento? ¿Qué pasaría si nos escucháramos el uno al otro sin la necesidad de estar de acuerdo, en desacuerdo, en formular una opinión, o tener una posición? Cuando escuchamos al viento, entendemos algo sobre del clima, así como los sonidos de las olas nos permite saber algo sobre el oleaje. No tenemos que estar de acuerdo o en desacuerdo o tener una posición al respecto. El círculo del concilio es una manera de contener y practicar estas simples intenciones de hablar y escuchar desde el corazón entre nosotros.

Es importante darse cuenta del valor de la forma; es decir, cómo nos organizamos y contenemos esta reunión, la estructura y las limitaciones que aceptamos, y la intención que practicamos cuando nos adentramos en el círculo del concilio. Hablar y escuchar desde el corazón nos pide hacer algo con lo que no estamos familiarizados a menudo: apartar nuestra agenda, prejuicio y opiniones de manera tal que podamos escuchar atentamente, con curiosidad y consideración. Y para hablar de manera auténtica, compartiendo lo que es verdadero y real para nosotros.

Cada concilio es diferente, ya que las personas que llegan son versiones distintas de sí mismos cada día, incluso si la membresía de un grupo dado no cambia. Estar presente en el concilio significa que nos permitimos aprender lo que el círculo es en este momento preciso, y nos permitimos compartir lo que sentimos que quiere ser compartido. Cuando dejamos el círculo del concilio, tomamos con nosotros un conocimiento más profundo de la práctica, del grupo y, quizás, de nosotros mismos. Espero que este libro le brinde una referencia para volver, recordándole lo que hacemos cuando nos reunimos en un círculo de concilio, así como también la oportunidad de extender las lecciones que aprendemos en el mismo a nuestras vidas fuera de él.

—Jared Seide
Director Ejecutivo, Centro para Concilio

Reconocimientos

Es un honor tener el título de autor de este libro. Agradezco la oportunidad de reunir una gran cantidad de material, pero no me hago ilusiones de que este material sea algo que haya pensado. Me siento honrado por todo lo que se ha hecho para articular estos caminos a lo largo de los años y espero que estas páginas hagan justicia al trabajo del concilio y la atención plena, y que proporcionen más apoyo y claridad a medida que estas prácticas sigan evolucionando.

He tenido la gran fortuna de haber estudiado y aprendido de grandes maestros, mentores, aliados y provocadores y he contado con la colaboración de muchas personas generosas que se celebran en este libro. Este libro es el resultado del trabajo duro y la pasión del personal, pasantes y seguidores maravillosos del Centro para concilio, así como también los muchos entrenadores certificados del concilio que viven, estudian y comparten la práctica del concilio en el mundo. Hemos aprendido tanto juntos, ya que hemos trabajado para llevar esta práctica a una amplia gama de grupos y personas. Agradezco a nuestros numerosos aliados y financiadores, quienes han hecho posible la expansión de nuestros programas y la creación de este libro.

Aún más importante, este libro es el resultado de la sabiduría, las enseñanzas y las experiencias vividas que se han desarrollado a lo largo de muchos años de práctica. El trabajo de la atención plena y el concilio tiene raíces que llegan lejos y profundo y la miríada de maestros brillantes y generosos que han ayudado a articular mucho de lo que se documenta aquí son demasiados para nombrarlos. El linaje del Centro para concilio puede rastrearse más recientemente a través de La Fundación Ojai (The Ojai Foundation), donde los resultados de visionarios perspicaces, poderosos guardianes de la sabiduría, practicantes devotos y buscadores apasionados se reunieron, estudiaron y codificaron las prácticas que ahora conocemos como el Camino del Concilio. Entre ellos se destaca la fundadora de La Fundación Ojai, la Dra. Joan Halifax, y sus dos sucesores en la dirección de esa organización, los autores del libro *El camino del concilio (The way of council)*, Jack Zimmerman y Virginia Coyle. Jack ha sido mi mentor e inspiración durante muchos años y estoy en deuda con él por su sabiduría, amor y cuidado.

Los maestros de muchas tradiciones contemplativas han ayudado con esta integración del concilio y atención plena. Ha sido mi gran honor haber estudiado de una manera más extensa la tradición Zen con Roshis Egyoku Nakao y Bernie Glassman; también agradecemos a la Dra. Jan Chozen Bays por otorgar su permiso para integrar su trabajo adaptando las actividades de atención plena en los programas que el Centro para Concilio ha desarrollado para nuevas audiencias. En una nota personal, he tenido la gran fortuna de ser testigo de las maneras en las que el concilio puede nutrir una relación íntima, a través del don de mi esposa, entrenadora del concilio y médico, la Dra. Ann Seide. Ann también ha sido una gran ayuda en fusionar la comprensión científica basada en la evidencia del sistema nervioso autónomo y la respuesta de nuestro cuerpo al estrés con los aspectos contemplativos de la práctica del concilio.

El Centro para Concilio es una continuación de todas estas líneas y existe como respuesta a un profundo anhelo de conexión y presencia. Nuestra escucha nos ha llevado a crear los programas y entrenamientos del concilio en muchos sectores. Desde su fundación en el 2014, el Centro para Concilio ha introducido prácticas basadas en la compasión en escuelas, empresas, organizaciones sin fines de lucro, hospitales, cuerpos de seguridad, comunidades religiosas y prisiones. También, hemos entrenado a incontables individuos para ser facilitadores del concilio y han apoyado a muchos facilitadores del concilio recientemente certificados durante sus caminos. Este libro le debe mucho a todos aquellos que han practicado el concilio con nosotros y quienes han ayudado a definir, inspirar y brindar sentido a la práctica.

Le ofrecemos este libro a usted con la esperanza de que el mismo honrará a todos los que han sido llamados a esta práctica y que han contribuido a definirlo, plasmarlo y alimentarlo. A la medida que lea estas palabras, esta gran investigación continua. Espero que este libro sea un recurso de ayuda a lo largo de su camino.

.

INTRODUCCIÓN

Cómo utilizar este libro

Este libro tiene la intención de ser un recurso para usted en su exploración de la práctica del concilio. Se divide en dos secciones.

La primera sección—*¿Qué es concilio?*—incluye explicaciones, definiciones y distinciones que son parte de la Introducción al Taller del Camino del Concilio. Una vez más, este libro no pretende enseñarle el concilio, sino servir de recordatorio de algunas de las cosas que se experimentan en el círculo del concilio y que se enseñan en este taller de formación introductoria. La primera parte del libro incluye definiciones y explicaciones extraídas de muchos años de práctica del concilio en muchos entornos.

La segunda sección—*Profundización de la práctica del concilio*—incluye material creado para alentarle a extender las enseñanzas del concilio en su vida fuera del círculo del mismo. Encontrará que las intenciones fundamentales de escuchar y hablar desde el corazón pueden desarrollarse en cada faceta de su vida, mucho más allá de la experiencia del círculo del concilio. Efectivamente, como lo es ejercitarse con pesas, practicar el concilio ayuda a desarrollar músculos, lo que permite que se fortalezca nuestra habilidad para llevar una vida significativa, fructífera y compasiva.

Algunos aprenden el concilio en un taller de fin de semana dictado por facilitadores certificados; a otros se les presenta el concilio en su lugar de trabajo, en la escuela, en lugares de culto, o mientras están privados de libertad. El Centro para Concilio ofrece entrenamiento en muchas formas, desde la Iniciativa del Concilio Penitenciario hasta el Proyecto de Bienestar Organizacional para negocios privados y púbicos, pasando por la Educación en Compasión, Sintonía y Resiliencia (CARE, por sus siglas en inglés) para proveedores de servicios de salud, y la Formación en Bienestar, Empatía y Resiliencia para Agentes de Paz (POWER, por sus siglas en inglés) para policías y funcionarios de prisiones. Todos estos programas se basan en los fundamentos del concilio y se centran en el desarrollo del autoconocimiento, el fortalecimiento de las habilidades de comunicación y el aprendizaje de la compasión. La metodología de estos programas sigue siendo coherente, aunque el formato se adapta a cada entorno.

Ambas secciones de este libro tienen la intención de proporcionarle recursos con los que pueda trabajar a medida que su práctica se profundiza y evoluciona. También hemos incluido algunos poemas y citas a lo largo de éste para que estimule su imaginación. Esperamos que estos recursos sean de valor cuando se encuentre en un grupo formal de concilio, y de la misma manera aplicar las herramientas aprendidas en interacciones informales con amigos, familiares y otros. Las personas con antecedentes de privación de libertad han compartido el uso de las herramientas aprendidas en el concilio en su audiencia de libertad condicional de manera exitosa. Muchos encuentran que estas nuevas maneras de pensar acerca de hablar y escuchar desde el corazón han transformado las relaciones con sus familias y compañeros de trabajo. Otros que se introducen a la práctica en su lugar de trabajo, nos buscan para explorar estas prácticas más a fondo. A veces, es un artículo o un correo electrónico que los guía a una primera experiencia en el concilio y una chispa se enciende y los lleva a querer saber y conocer más. Nos emociona ofrecer talleres y entrenamientos durante el año a aquellos que nos buscan y quieren explorar el concilio un poco más.

El concilio ha sido introducido alrededor del mundo en diversas comunidades y en entornos que varían desde centro de asistencia de la vida diaria, a las salas de juntas de las empresas, de los patios de las escuelas a las salas de cirugía, y de los lugares de culto a los organismos gubernamentales. Hay una necesidad enorme de este trabajo en todas las etapas de la vida y aquellos que han sido beneficiados de manera directa de la práctica, comúnmente son grandes guías y maestros. Esperamos estar con usted en el concilio y nos entusiasma conocer las formas en que llevará este trabajo a su próximo capítulo.

PARTE 1
¿QUÉ ES CONCILIO?

Necesitamos escuchar plenamente.
Es la razón de toda labor piadosa.
No escuchemos sólo la voz del que sufre,
sino a sus pies descalzos,
al bebé envuelto en su manto,
y a las estrellas en la noche helada.
Esa manera de escuchar nos ayuda a oír quién llama y
    qué podemos hacer
en respuesta.
Cuando escuchamos la verdad del momento,
siempre sabremos qué hacer y qué no,
cuándo actuar y cuándo no.
Escuchamos que estamos aquí juntos,
y somos todo lo que tenemos..

—Mirabai Bush
"¿Por Qué Escuchar Es El Acto Más Radical?"

Los ideales y las prácticas democráticas de la Confederación Iroquesa ejercieron una profunda influencia sobre Benjamin Franklin; observó que los haudenosaunee practicaban círculos de conversación y los llamó "Concilios," por la palabra en Latín *consilium*. La práctica esencial de reunirse en comunidad ha resultado nutritiva para muchos. Cuando apartamos el ruido y la locura de las vidas aceleradas que vivimos, cuando silenciamos las distracciones y la algarabía, y escuchamos a nuestra persona interior y a los demás… aparece un tipo de claridad y sabiduría. En los primeros días de La Fundación Ojai, muchos ancianos y sabios en comunidades indígenas compartieron las enseñanzas acerca de estas modalidades y enseñaron sobre los componentes e intenciones esenciales. A medida que este estudio se intensificó, el Centro para Concilio evolucionó como iniciativa. La intención era esquematizar y codificar una práctica que sería la amalgama de muchas tradiciones y enseñanzas, honrando las fuentes antiguas de los cuales estas evolucionaron, la generosidad de diversos maestros que compartieron enfoques y métodos, y la adaptación de estas prácticas en el uso moderno. El proceso fue detallado en un libro llamado *El camino del concilio*, escrito en 1996 y revisado en el 2009. Los programas del concilio se introdujeron en escuelas, organizaciones y empresas sin fines de lucro, y eventualmente llegaron a los centros penitenciarios del Departamento de Correcciones y Rehabilitación de California en el 2013. Para ese entonces, el Centro para Concilio se había convertido en una organización independiente, comprometida con la expansión de la práctica a lo largo y ancho. Luego, tuvieron lugar las adaptaciones que permitieron a la organización crecer en su trabajo fundamental en las escuelas y organizaciones, así como también la creación de programas para profesionales de la salud, agentes de la ley y organismos gubernamentales.

A medida que los programas del concilio se expandieron en las comunidades, las organizaciones y los sistemas, el atractivo familiar de lo que significa ser una tribu, una familia, una hermandad resonó una y otra vez. Este deseo de reunirse y celebrar la comunidad ha sido frecuente en todas las culturas, pero ha aparecido en diferentes formas, con nombres diferentes. Se ha llamado "Ibitaramo" en Ruanda, "Ma'agal Hakshava" en tradiciones hebreas, "Diwan" y "Loya Jurga" en tradiciones islámicas, y una variedad de otros nombres en diversas culturas durante muchas generaciones, ya que las personas se han reunido en círculos para profundizar la comunidad. En todas estas tradiciones, la práctica de reunirse con una buena intención ha ofrecido la oportunidad de relajarse y tomar un paso atrás de las distracciones y del ruido de la vida diaria. Cuando nos enfocamos en el momento presente, somos más conscientes de todas las posibilidades que tenemos para tomar decisiones activas sobre la persona que queremos ser y la comunidad que queremos crear en nuestro próximo capítulo, un capítulo que se desarrolla a nuestro alrededor con cada respiración. El concilio indica que tenemos influencia en ese desarrollo. ¿Qué pasaría si realmente tomáramos responsabilidad por ser los autores de nuestra historia, o por establecer las intenciones de quiénes somos y en quiénes queremos convertirnos? ¿Qué pasaría si pudiéramos reunirnos en círculos de concilio e iniciarnos a nosotros mismos y a los demás para convertirnos en los administradores del próximo capítulo de la raza humana?

Para reflexionar sobre estas grandes preguntas, y para realmente escucharnos, necesitamos un contenedor. Necesitamos alguna manera de tener estas conversaciones y encuentros importantes. Necesitamos un espacio en el que se sienta bien estar así de vulnerable, ser así de abierto, imaginar el mundo que queremos crear y dejar a las próximas generaciones. El concilio crea un contenedor tan robusto, que tiene la capacidad de albergar algunos momentos de transformación muy nutritivos, a menudo poderosos, y a veces tiernos.

El Centro para Concilio está profundamente endeudado con la generosidad y la visión de los maestros y ancianos de un amplio rango de tradiciones y culturas, que han compartido sus enseñanzas sobre cómo crear este tipo de espacio, y agradecemos inmensamente su cuidado y colaboración en ayudar a evolucionar y codificar la práctica de concilio para las instituciones y sistemas en los cuales trabajamos hoy. El Camino del Concilio, que incorpora aspectos de muchas tradiciones dialógicas de América del Norte y de todo el mundo, las entrelaza en una práctica basada en la sabiduría y la presencia y que pretende ser beneficiosa en nuestros complejos tiempos modernos.

En todas partes en donde se practica, el concilio promete recordarnos nuestro verdadero ser, demostrando qué tanto tenemos en común con aquellos con quienes nos encontramos, incluso con las personas más difíciles, y mostrarnos una visión de nuestro potencial sin límites. El ingrediente secreto en esta práctica poderosa, y a veces misteriosa, usualmente tiene algo que ver con la compasión y cómo llegamos a entender lo que esa palabra significa en nuestro propio cuidado, en las relaciones que creamos con otros, y en la manera en que elegimos caminar el mundo.

Principios de orientación

El concilio es una práctica de expresión abierta y sincera y de escucha atenta y empática. Pasar la pieza de hablar con la intención de hablar con autenticidad y escuchar con atención y sin juzgar inspira una comunicación más profunda, la comprensión intercultural y la resolución no violenta de los conflictos. El tener en cuenta a los demás en el círculo ofrece al orador el ánimo para ser honesto y vulnerable, sin tener el miedo de ser interrumpido o ridiculizado. A través de la confianza profunda, el concilio apoya la clarificación de los valores, la co-visión y la construcción comunitaria.

Algunas recomendaciones generales para tener en cuenta:

> Siéntese en un círculo, al mismo nivel, todos estamos en el mismo barco; no hay ningún asiento mejor que otro

> Utilice una pieza para hablar para que el orador sea visto y reconocido.

> Escuche atentamente, entre líneas, a lo que se habla y a lo que no.

> Absténgase de interrumpir para respetar al orador; sea testigo de sus respuestas internas y déjelas ser hasta que sea su turno para hablar.

> Hable honestamente y desde el corazón.

Hable de manera concisa, teniendo en cuenta el tiempo y el tamaño del grupo.

Hable de manera espontánea, evite ensayar lo que va a decir.

Vea a los demás como sus compañeros.

Comparta historias personales y la verdad, en vez de posiciones y consejos; evite el análisis y la evaluación; no hay necesidad de estar en acuerdo o desacuerdo en el concilio.

Busque la verdad colectiva, un punto de vista, y la sabiduría. Quizás más que la verdad de otro individuo.

Considere todo lo que entra en la conciencia del grupo como parte del proceso, incluyendo el lugar, el clima, quién está allí y quién no, qué ha pasado ese día que ha afectado algunos o a todos los participantes, las interrupciones, y lo que se deja sin decir en los silencios.

Elija la indagación y las preguntas en lugar de la defensa y los discursos.

Elija la curiosidad en lugar de la opinión.

Elija la comprensión en lugar de la autodefensa.

Elija construir una comunidad en lugar de la autoimportancia.

Elija ser sincero en lugar de tener razón.

En donde tenemos razón
Las flores nunca crecerán
En la primavera.
En donde tenemos razón
Como un jardín,
Pisoteado y duro es

Pero las dudas y los amores
Al mundo desentierran
Como un topo, como un arado.
Y un susurro será escuchado
Donde las casas
Arruinadas un día estuvieron.

—Yehuda Amichai
"En Donde Tenemos Razón"

Los cinco elementos básicos de concilio

1) *El círculo*

La forma del círculo en sí crea un sentido de igualdad. Podemos ver a todos los que están presentes. Todos los asientos son igualmente importantes. No hay inicio ni final. Estamos uno frente al otro. Recuerde que, juntos, hacemos algo más que la suma de las partes.

2) *El centro*

Cada círculo tiene un centro; podemos hacer que ese centro tenga significado. El centro alberga real y simbólicamente intenciones y valores comunes. Es el corazón del círculo y puede estar representado por objetos de importancia, o por cosas que se hablan en el centro en forma de "dedicatoria" del concilio a algo significativo, generoso, precioso y verdadero para el orador. La comunidad del grupo está representada, junto con la intención de honrar lo mas grande El Todo. Los objetos en el centro pueden ser tomados y sostenidos, a menos que sea logísticamente imposible; en los Concilios en línea, podemos honrar simbólicamente lo que está en nuestro centro e imaginar una pieza de hablar que se pasa de un orador a otro. La *pieza de hablar* escogida se convierte en una herramienta para enfocar la atención y para empoderar a la persona que la sostiene, en nombre de todos allí.

3) Marcar el inicio, o crear el umbral

Una apertura intencional indica que estamos a punto de hacer algo que se separe de nuestros métodos usuales de reunirnos; por ende, entramos juntos. Puede ser de ayuda pausar y asegurarse que todos estén listos y conscientes que el concilio está a punto de empezar y luego ingresar deliberadamente. Nadie debería dudar o ser arrastrado al concilio, o sentirse forzado a participar. Todos los que entran al concilio deberían estar listos y entrar de manera voluntaria.

4) The Four Intentions

La raíz del significado de la palabra *intención* es *expansión*. Una intención es algo que nos proponemos hacer lo mejor posible, pero también estamos conscientes que puede ser difícil de lograr. El concilio es considerado una práctica y es importante que nos comprometamos a practicar las intenciones cuando nos adentremos al mismo:

Escuche desde el corazón

Deje a un lado la tendencia a juzgar, a analizar o formular opiniones e intente escuchar con curiosidad y mente abierta a lo que se está diciendo para que pueda entender.

Hable desde el corazón

Deje a un lado la agenda, los planes, o lo que piense que debería decir y trate de hablar con lo que siente y es verdadero en este momento preciso.

Sea espontáneo

Deje a un lado lo que ha preparado o ensayado y trate de hablar sobre lo que le viene al corazon en el momento.

Hable a la esencia

Deje a un lado el contexto completo y todos los detalles y trate de hablar de la esencia de lo que se le presente, sólo lo necesario para ser dicho y no más.

5) Marcar el cierre, o hacerse a un lado

Note el final de este tiempo y marque la transición fuera del concilio de una buena manera. A menudo es bueno celebrar el concilio o expresar algo de gratitud y apreciación, si es apropiado, tanto para la narración honesta y valiente como para la escucha atenta y respetuosa. Cuando los participantes se retiran del concilio, hacen un acuerdo el uno con el otro para cerrar el círculo y mantener lo que fue dicho como sagrado y confidencial. Si se rompe la confianza, y las historias son compartidas fuera del concilio, debilitará la confianza del grupo. La confidencialidad crea seguridad, confianza, y nuestros acuerdos en mantener la misma comienzan al terminar el concilio. Dicho eso, ninguna persona puede garantizar la confidencialidad, esta debe ser honrada y materializada por todos los que participan, de manera que el contenedor del concilio se sienta fiable y fuerte.

Claves para escuchar desde el corazón

La manera más básica y poderosa de conectar con otra persona es escuchar. Sólo escuchar. Quizás lo más importante que nos podemos dar los unos a los otros es nuestra atención...Un silencio agradable puede ser más poderoso para sanar y conectar que las mejores intencionadas palabras.

—Rachel Naomi Remen
Sabiduría en la Mesa de la Cocina: Historias Que Sanan

Busque entender en lugar de estar de acuerdo.

Acepte a los demás tal y como son en lugar de intentar arreglarlos.

Empatice en lugar de criticar o juzgar.

Lea el entorno, la energía del grupo y el estado de ánimo del círculo.

Manténgase centrado y enfocado en el orador, resista las distracciones.

Permanezca presente en las historias, en lugar de divagar o evitar escucharlas.

Note sus respuestas internas, pero no se quede atrapado en ellas.

Honre sus sentimientos, los suyos y los de los demás.

Mire el panorama completo, la narrativa no dicha.

Escuche la voz del círculo, los temas que puedan surgir para el grupo.

Practique no estar de acuerdo ni en desacuerdo en *ningún nivel*, sólo escuche para entender.

Claves para hablar desde el corazón

Dime un hecho y aprenderé.
Dime la verdad y creeré.
Pero si me dices una historia, vivirá en mi corazón
    por siempre.
—Native American proverb

When practicing the intention of speaking from the heart, keep these things in mind:

> Utilice frases con "yo" en lugar de "tú" o "nosotros" para evitar caracterizar los pensamientos o sentimientos de los demás.
>
> Cuente su historia personal en lugar de filosofar.
>
> Favorezca a los sentimientos en lugar de hechos y opiniones.
>
> Revele su proceso, "cómo llegué a donde estoy," y sus conclusiones.

Muestre vulnerabilidad en lugar de evitarla.

Diga la completa verdad en lo que sea posible, en lugar de editarla.

Comparta espontáneamente en lugar de ensayar o editar.

Hable de manera eficiente; vaya al grano; evite los rellenos o "pensar en voz alta."

Componentes claves y definiciones

Has notado
que todo lo que un indio hace es en un círculo,
y es porque el Poder del Mundo
siempre es Circular,
y todo intenta ser redondo,
y he escuchado que esta tierra es redonda como una bola,
y las estrellas también.
El viento en su máximo, circula.
Los pájaros hacen sus nidos en círculos,
pues su religión es la misma que la nuestra...
Incluso las estaciones forman un gran círculo en su cambio,
y siempre vuelven a donde estuvieron.
La vida del hombre es un círculo
desde la infancia,
hasta el todo
donde el poder se mueve.

—Alce Negro, Oglala Sioux Holy Man
Alce Negro Habla

Crear el contenedor

Haga que el espacio físico sea intencional, harmonioso, y atractivo antes de que el concilio empiece.

Organice los asientos en un círculo, a menos que sea absolutamente imposible.

Intente tener un espacio libre, sin mesas, escritorios, u otro mobiliario en medio del círculo que pueda crear una barrera.

Honre el centro del círculo con símbolos y objetos de importancia para el grupo.

En la medida posible, trate de evitar interrupciones.

Aperturas

Invite cualquier aclaración o anuncio importante que deba ofrecerse antes de que comience el concilio.

Honre la transición al concilio con un momento de silencio o para centrarse, respiración consciente, que alguien ofrezca un poema o una canción, o pregunte: "¿estamos listos para adentrarnos en el concilio?"

Considere la posibilidad de realizar una ronda de chequeo o una breve ronda rápida para reunir a las personas y abrir el espacio para que surjan cuestiones más profundas.

Pieza de hablar

Enfoca la atención de los participantes en el orador.

Señala un inicio y final claro para el turno de habla de cada persona al rotarlo.

- Asegura que cada orador tenga tiempo completo para terminar de compartir y tiene la oportunidad de decidir cuándo termina.

- Crea una pausa o tiempo entre oradores, durante el cual el grupo puede digerir lo que acaba de ser dicho.

- Identifica el próximo orador.

- Siempre puede ser sostenido en silencio o solo pasarlo.

- Cuando está en el centro del círculo, representa el corazón del concilio y de la comunidad.

El facilitador

(de la palabra en latín *facilitare*, que significa facilitar)

- Establece y aclara las intenciones y las normas básicas antes de iniciar el concilio.

- Ayuda al círculo a aclarar sus necesidades en cuanto a metas y logística, incluyendo la confidencialidad, los límites de tiempo, los descansos y la finalización.

- Salvaguarda la integridad del proceso del concilio y del contenedor.

- Lee el entorno y anima el flujo de la energía grupal.

- Redirige cualquier enfoque y/o atención al círculo y al centro.

- Invita a cualquier voz o perspectiva que haga falta.

- Cuando haya dudas de lo que se debe hacer luego, le pregunta al grupo.

- (En lo posible, emparejar a co-facilitadores funciona mejor).

Testimonios

Ofrecido al finalizar la sesión de concilio en forma de ronda de concilio o de aporte, o se ofrece a uno o varios miembros, o si hay tiempo, todos ofrecen unas pequeñas palabras.

Confirma que las voces han sido escuchadas y permite al grupo experimentar y celebrar su sabiduría colectiva.

Los comentos de testigo pueden ser para reflexionar en el proceso del concilio, se pueden compartir las palabras y el contenido o las respuestas que surjan.

Puede ser una oportunidad para recordar y compartir ecos y resonancias literales y/o conceptuales de las historias que se compartieron, no las opiniones de los participantes sobre las cosas que se dijeron; trate de evitar el "Me gustó cuando alguien dijo…" o "No estoy de acuerdo con algo que se dijo…"

El testigo-participante

Generalmente se mantiene en silencio en el concilio, y comparte al final luego de que todos los participantes hayan finalizado, ofreciendo las últimas palabras.

Escucha lo que el concilio general está creando, acoge el corazón del grupo, honra su más alta intención, se mueve hacia la "voz del círculo" emergente.

Mantiene una perspectiva relativamente imparcial, sostiene una visión de ojo de águila en lo que está comprometido el grupo, sin favorecer a ningún asiento o voz.

Cuando se le invite, puede ofrecer comentarios sobre los procesos y las dinámicas del grupo, o sobre el contenido y tema de fondo del concilio, o puede permanecer como un "testigo silencioso"

Girando hacia el derrape

Cuando las circunstancias o la erupción repentina de temas, sentimientos, o problemas reprimidos ocurren y se descarrila la agenda planeada, siga la corriente. En la medida posible, el facilitador no debería negar o pretender que esto no está ocurriendo. En cambio, debería acoger la interrupción y liderar al grupo hacia la enseñanza o la oportunidad que puede estar escondida dentro del caos, inclinándose por las intenciones y las formas del concilio. Esto es conocido como "girar hacia el derrape," una frase derivada de la instrucción ofrecida a los operadores de vehículos de tracción trasera como la mejor manera de evitar un accidente cuando están a punto de derrapar fuera de control. Los facilitadores deben sentirse cómodos con esta habilidad y modelarla, pero puede ser iniciada o practicada por cualquier participante. Puede ser tan sencillo como nombrar algo "polémico" que haya surgido y anotar la respuesta interna de cada uno al presenciarlo, o puede requerir que el facilitador cambie la forma del concilio o ajuste las pautas previstas para avanzar en una nueva dirección.

Leer el campo (sentir al grupo)

La práctica del concilio amerita lo más profundo del escuchar. Esto incluye el escuchar para la voz colectiva del círculo. Nos referimos a esto como leer el campo. Este entorno, o voz grupal, no es simplemente la suma de los humores y energías individuales, sino la sinergia de nuestros corazones y mentes en conjunto. Es algo completamente nuevo y único en el momento para cada círculo de concilio. En términos prácticos, leer el campo significa estar consciente del humor y la energía, las necesidades, las intenciones y el progreso en general del círculo como un todo, incluso mientras hablamos nosotros mismos o escuchamos a los demás. Prestamos atención al contenido de lo que es dicho, al tono del sentimiento del concilio, a los movimientos físicos de los participantes y al sentido energético de lo no hablado. Incluso podemos desarrollar un sentido de "a dónde va esto." Se puede encontrar un recordatorio en las primeras letras de su nombre en inglés:

> Feelings (Sentimientos)
> Intentions (Intenciones)
> Energy (Energía)
> Language (Lenguaje verbal y corporal)
> Destiny (Destino, donde se dirige la conversación)

Esto *no* es un llamado para analizar (o peor, psicoanalizar) al grupo individual o colectivamente, sino una invitación para simplemente estar consciente de los oleajes y flujos del entorno del grupo, junto con lo demás. La práctica de prestar atención al *field* es la esencia del testimonio. Es un reto específicamente para el concilio ser tanto participante como testigo de manera simultánea; compartir quién soy en el contexto de en quién nos estamos convirtiendo. Ya sea que estemos conscientes de esto o no, este entorno ejerce una fuerza poderosa en lo que pensamos, sentimos y percibimos en las decisiones que tomamos, ya sean grandes o pequeñas. Mientras más conscientes estemos de ser la voz de nuestra comunidad emergente, nos volvemos más compasivos y efectivos como facilitadores y auxiliares que apoyan la evolución, pero no tratan de moldearla.

Cierres

El facilitador es responsable de mantener el control del tiempo y navegar hacia un cierre, teniendo en cuenta el tiempo restante asignado y acordado, para no crear un final de concilio discordante. Al leer el campo del grupo, el facilitador debe determinar las necesidades del grupo en cuanto al cierre, como una breve rápida ronda, un momento de silencio, una expresión de gratitud o celebración, una discusión sobre los próximos pasos tras el cierre del concilio. Si hay tiempo y sirve, puede haber una oportunidad para que todos/todas ofrezcan unos comentos de testigo final, quizás una breve ronda final, o colocando la pieza de hablar en el centro para que los participantes la utilicen para añadir una idea posterior, o señalando que "quedan dos minutos para una o dos palabras finales de quien quiera," por ejemplo. Invite a cualquier participante que sea testigo participante para compartir en este momento. Termine siempre con un gesto formal o ceremonial: un movimiento de grupo, un agradecimiento, una ovación, un momento de silencio, un saludo, "pasar el pulso" o un patrón de pisadas, lo que sea apropiado para marcar un final claro del tiempo intencional en el concilio y una vuelta al mundo fuera del concilio. Esta pieza final, clara y actuada, es fundamental para marcar la finalización del concilio y el cierre de este tiempo único juntos. El grupo se aleja deliberadamente de la experiencia, volviendo al "mundo real," donde las intenciones e interacciones pueden ser muy diferentes y nuestra vulnerabilidad y compromisos interpersonales pueden tener que cambiar.

Formatos básicos para los círculos de concilio

El concilio básico

La pieza de hablar se rota en el círculo con un patrón previamente acordado (generalmente en el sentido de las agujas del reloj). Es ideal para asegurarse que todo el que quiera hablar, pueda hablar; es una gran manera de iniciar y finalizar los procesos grupales y para evaluar la voz del grupo. Puede ser utilizada para un concilio abierto o para un concilio enfocado en un tema en particular. Cuando la pieza de hablar se mueve en una dirección diferente (por ejemplo, contrario a las agujas del reloj), puede marcar una salida de la rutina usual del grupo.

Palomitas

La pieza de hablar se ubica en el medio; el orador la toma cuando debe hacerlo y la devuelve al centro luego de hablar, y así sucesivamente. Esto representa la forma de diálogo en el concilio, muy bueno para descubrir temas, la creación de imágenes, y desarrollar la historia grupal o adentrarse en temas específicos.

Red

Cuando la pieza de hablar es lanzada por el orador hacia alguien más en el círculo, lo cual es determinado por un gesto que el nuevo orador hace o por elección del orador, recordando que todos pueden tener su turno en cualquier momento y nadie está obligado a hablar.

Pecera

Dos o más asientos forman un círculo central. Las personas son elegidas o eligen estar en esos asientos y la pieza de hablar es rotada, u ofrecida al estilo "palomitas"; luego, la pieza de hablar puede ser rotada al círculo exterior, que puede ser pasada y así se ofrecen comentos testimonios. A veces es útil cuando hay diferentes subgrupos dentro de un grupo (género, grupo de edad, roles organizativos). Es bueno para desentrañar temas polémicos, comprender las divisiones internas y fomentar la retroalimentación del equipo o del grupo.

Espiral

Tres o más asientos en el círculo interno; los voluntarios forman un círculo exterior e interior, y de vuelta; cada vuelta involucra tanto hablar como escuchar. El que toma el asiento interior escucha a la siguiente persona que comparte antes de regresar al círculo exterior. Esto desarrolla un espíritu de investigación dentro del grupo, aprovecha la energía grupal a un tema y puede ser útil para la exploración/resolución de conflictos.

Concilio de respuestas

La persona que sostiene la pieza de hablar puede habilitar un diálogo breve con otras personas, respuestas cortas a preguntas, o momentos improvisados, todo mientras sostiene la pieza de hablar dentro del turno único para hablar. Una persona puede elegir explorar algo de una manera más profunda al sostener la pieza de hablar y pidiendo la opinión o respuesta de tantas personas como se desee, desde una persona hasta todo el círculo. El concilio de respuestas finaliza cuando el orador pasa la pieza de hablar.

Concilio didáctico

Dos personas se sientan en el concilio y rotan la pieza entre ellos, de modo que exploren un tema, desarrollen una visión, etc. Uno o más "testigos" pueden estar presentes, dentro o fuera de la pareja y pueden ofrecer sus comentarios y perspectivas, ya sea durante el proceso o al final de él, como sea previamente acordado. La pareja puede establecer un tercer asiento que represente la esencia de la relación, la "Tercera Presencia," el panorama general. (Comúnmente, esta práctica se usa por parejas íntimas para explorar su relación y esto es explicado más detalladamente en el libro de Zimmerman y McCandless, *La Carne y el Espíritu* [Flesh and Spirit]).

Formación de las pautas del concilio

Formar una pauta efectiva es parte del arte del facilitador del concilio y se desarrolla a lo largo del tiempo. Mientras que los temas deberían ser de interés o relevancia para todo el grupo, una buena pauta debe ser una que los participantes sientan que *pueden* responder y una que de hecho haga que *respondan*; algo que provoque una historia.

Aunque los temas del concilio pueden involucrar a los participantes en reflexiones del pasado, expresiones en el presente, y visiones del futuro, frecuentemente iniciamos pidiéndoles que recuerden experiencias reales relacionadas con el tema. Por ejemplo, si el tema fuera "la diversión," una buena pauta sería: "recuerden un momento en donde pensaron: ¡Vaya! ¡Esto es *muy* divertido!" y puede agregar: "esperen a que la pieza de hablar llegue a ustedes, y luego vean qué historia les viene a la mente." A veces, es bueno prologar la pauta con un ejemplo propio, o con una discusión de un elemento clave. Lo que comparta el facilitador entonces sirve de oportunidad para modelar una posible respuesta a la pauta. Alternativamente, el facilitador también puede escoger rotar la pieza de hablar a alguien más para iniciar o preguntar si alguien del grupo le gustaría hacerlo.

Una buena manera de articular una pauta puede comenzar con: "cuenten sobre alguna vez que...," o "compartan una historia de alguna vez que...," o quizás "recuerden una experiencia donde...," en lugar de "¿qué piensan sobre...?," lo que puede llevar al análisis o a intelectualizar. Para desarrollar un concilio sobre lidiar con el estrés, la pauta "cuenten una historia sobre algún momento que hayan tenido que lidiar con el estrés" probablemente es una pauta más efectiva que simplemente "¿por qué es importante lidiar con el estrés?." Las buenas pautas invitan a que se compartan historias personales y no teorías u opiniones.

Recuerde que una pauta no es una pregunta que debe ser contestada, sino más bien una invitación para iniciar una reflexión, para explorar la respuesta de un individuo; es algo más que simplemente "responder a la pregunta." También, recuerde que hablar desde el corazón siempre toma precedencia sobre hablar del tema. Por lo tanto, luego de ofrecer una pregunta o pauta, es bueno agregar "¡o cualquier cosa que deseen decir!." A veces un participante puede tomar la pauta en una dirección inesperada, lo que es una buena oportunidad para expandir la resonancia del tema.

¡Formular las pautas del concilio toma práctica! Empiece con sus propias experiencias y confíe en el proceso.

> Recuerde: las pautas de concilio efectivas siempre son:
>
> Formuladas en los términos más claros posible.
>
> De interés del facilitador (no se excluya a sí mismo).
>
> Relevante para todo el grupo (sepa quién está en el círculo).
>
> Apropiadas y no ofensivas.
>
> Libres de suposiciones, opiniones, o prejuicios de valor no controlados.

También, buenas pautas:

> invitan al grupo a ir más allá de las teorías u opiniones y permiten que cada miembro acceda a la experiencia y la comparta, en lugar de lo que "pensamos" o lo que "sabemos."

no son solicitudes para "compartir sentimientos"; los sentimientos emergen cuando compartimos experiencias, pero "¿cómo se sintieron cuando...?" no es una invitación efectiva para narrar una historia; confíe en el orador para que vaya tan profundo como quiera y que comparta lo que desee en el momento.

permiten todo el espectro de la respuesta humana; evite las preguntas capciosas que guíen a los participantes a buscar sólo unas pocas respuestas a una experiencia; si el tema es "la soledad," es mejor decir "hable de un momento en el que se sintieron solos," en lugar de "hablen de un momento en el que se sintieron abrumados por una terrible soledad y lo manejaron realmente mal."

exploran e invitan la consideración de la pauta y las historias que se desarrollan; algunos pueden abordar la pauta directamente, otros de manera periférica, o quizás de una manera completamente inesperada; una pauta debería permitir ir a cualquier lugar que el orador necesite ir; considere agregar "... o cualquier otra cosa" al final de la misma; evite pedir la aceptación o crítica, lo que obliga a las personas a "ir más allá" o hacer declaraciones veladas de opinión.

Las pautas efectivas y apropiadas son diferentes para cada círculo siempre. Un facilitador que intenta forzar una pauta en un grupo que no encaja con el estado de ánimo o la energía que el grupo está experimentando puede crear una situación muy negativa. Incluso una pauta bien formulada o una que tuvo mucho sentido más temprano puede ser la pauta equivocada en el momento. Dicho eso, a continuación, se presentan algunos ejemplos de pautas que han sido efectivas en situaciones pasadas:

Para conocerse o romper el hielo:

Cuente una historia sobre su nombre. ¿Su nombre es en honor a otra persona? ¿Qué sabe sobre esa persona? ¿Su nombre tiene algún significado en especial? ¿Su nombre encaja con usted? ¿Ha considerado cambiar su nombre o lo ha hecho?

¿Es el hermano mayor, del medio, o menor? Cuente una historia sobre cómo es eso para usted.

Cuando un día festivo se aproxima: ¿Qué tradiciones tuvo cuando era pequeño en ese momento del año? Cuente una historia sobre un momento memorable que haya pasado durante esa época.

Para explorar la escucha

¿Cómo sabemos cuándo alguien realmente nos está escuchando? ¿Cuáles son las pistas que sugieren que *no* lo hacen?

¿Quién en su vida es un excelente oyente? ¿Cómo lo sabe? Cuente una historia sobre un momento donde alguien realmente lo haya escuchado.

Narre algún momento en el que usted realmente se sintió escuchado, visto en su mayor potencial, o algún momento en el que no se sintió visto, o se haya sentido invisible. Hable de algún momento en el cual realmente haya escuchado a alguien, o no.

Para explorar la amistad

¿Cuándo supo que alguien sería un buen amigo? ¿Qué cualidades observó?

Sin nombrar a nadie, hable sobre cómo conoció a alguno de sus amigos más cercanos. ¿Supo instantáneamente que serían amigos o le tomó tiempo?

Cuente una historia sobre algún momento en el cual supo que un amigo realmente le cubría las espaldas, o en el que usted le cubrió las espaldas a su amigo. Hable sobre algún momento en el que un amigo le decepcionó, o viceversa.

Para explorar las aventuras de la vida

Cuente una historia acerca de algún momento en el cual hizo algo desafiante.

Cuente una historia acerca de una experiencia extrema que haya tenido con alguno de los cuatro elementos (agua, fuego, tierra, aire).

Complete esta frase: "Soy feliz cuando yo..." ¿haciendo qué? Y ¿dónde?

La meditación y el concilio

Los sentimientos van y vienen,
como las nubes en el viento.
Saber que respiro es mi soporte.
—Thích Nhat Hanh

La meditación nos proporciona una práctica formal de parar, de calmarnos nosotros mismos, de manera tal que seamos capaces de notar lo que realmente está pasando dentro de nosotros y a nuestro alrededor. Es una oportunidad para experimentar el momento presente, pero requiere que perfeccionemos nuestra habilidad de enfocar nuestra atención y dejar ir a los pensamientos y charlas internas que comúnmente nos distraen en el fondo. La meditación nos ofrece una práctica en la que podemos convertirnos en un estudiante experto de nosotros mismos y el entorno en que vivimos. Es una práctica que puede ser fundamental a medida que nos adentramos al viaje de la gran atención plena y personificamos el Camino del Concilio.

Mientras más nos convirtamos en un testigo astuto del momento presente, más entenderemos el progreso del cambio, cómo todo cambia, y cómo este momento pasa al siguiente. Esto puede reforzar la manera en la que nos mostramos en el concilio y en nuestras vidas. La meditación no es igual a la religión; no hay ningún sistema de creencia que adoptar o que rechazar. Es realmente una práctica de prestar atención a lo que está aquí en el momento y lo que está surgiendo. Requiere que resistamos el impulso de juzgar o rechazar algo, para permanecer atentos al momento presente. La meditación también nos ayuda a desarrollar la capacidad de responder en lugar de reaccionar al crear un pequeño espacio entre tener una experiencia y lo que habitualmente hacemos en respuesta a la misma.

La meditación nos ofrece la oportunidad de estar quietos y concentrados, lo que es una cualidad importante en nuestra habilidad de practicar el concilio. Desarrollar una práctica de meditación construye nuestra capacidad de ser testigo y escuchar más profundamente lo que se está desarrollando alrededor de nosotros. La meditación requiere que primero calmemos el cuerpo y luego nuestra atención; enfocarnos en nuestra respiración puede ser una gran manera de calmarnos a nosotros mismos. Al inhalar, usualmente sin ningún pensamiento o plan, nuestro cuerpo toma el oxígeno que necesita para sobrevivir en los próximos momentos. Cuando exhalamos, dejamos ir las cosas que nuestro cuerpo ya no necesita. De alguna manera, esto ocurre una y otra vez, durante todos los días, y durante nuestra vida. No requiere que hagamos nada, sólo ocurre. Este fenómeno de la respiración siempre está disponible como un punto focal, ofreciéndonos una oportunidad siempre presente para enfocar nuestra atención en algo que está pasando todo el tiempo.

Además, la meditación perfecciona nuestro enfoque en este preciso momento de nuestra existencia. La capacidad de vivir en el momento presente puede ser un cambio poderoso de quedarse atascado en recordar el pasado o fantasear sobre el futuro. Nos damos cuenta de que realmente no hay nada que podamos hacer para cambiar el pasado y, sin importar qué tanto lo intentemos, no podemos controlar lo que pasará en el futuro. Las cosas que nos han causado dolor, vergüenza, o incluso arrepentimiento solo pueden ser abordadas aquí y ahora. De la misma manera, los sentimientos de temor o miedo del futuro no tienen ningún tipo de valor para nosotros, solo nos podemos ajustar a nuestra experiencia presente para apoyar la aparición de un buen resultado. La meditación construye nuestra capacidad de vivir en el momento presente, el ahora, donde tenemos un impacto real en lo que somos y lo que nos convertimos.

Cada tradición contemplativa tiene un enfoque a la meditación y el estudio de esta práctica puede ser muy beneficioso. Puede encontrarse con enseñanzas sobre la atención plena, el trabajo de las respiraciones, la meditación Zen (zazen o shikantaza), las exploraciones corporales y la relajación muscular progresiva, las imágenes guiadas y las meditaciones de bondad amorosas, qigong y yoga, oración centrada, etc. Todos estos enfoques proporcionan un camino para explorar la meditación; encuentre el que sea correcto para usted. Mientras que la meditación puede ocurrir antes de una sesión de concilio, también puede ser algo que usted escoja hacer donde quiera que esté. Puede sentarse en una silla, o en el piso, o en una cama; incluso puede meditar mientras camina.

Este es un método sencillo que puede probar para empezar:

> tómese un tiempo para encontrar una posición cómoda para sentarse.
>
> traiga algo de atención y dignidad a su postura.
>
> calme su cuerpo, y luego fije su atención en un punto en frente de usted, tómese tiempo para eso.
>
> sea consciente de su respiración y observe las sensaciones mientras el aire se mueve dentro y fuera; note el lugar donde el aire entra y deja su cuerpo, a dónde va y cómo su cuerpo se ajusta.
>
> mientras observa su respiración, asegúrese que está en una posición que le permita inhalar y exhalar de manera cómoda.
>
> note las sensaciones dentro de su cuerpo e inmediatamente alrededor de usted; los sonidos, la luz, las distracciones, y enfoque su atención de vuelta a su respiración, permitiéndose observarla sin la necesidad de controlarla.

Haga un plan para hacer esto por 5 minutos, 15 minutos... quizás hasta que lo haga 30 minutos por cada vez.

Sepa que puede distraerse, especialmente si medita por un largo periodo de tiempo. Es completamente natural. Siempre tiene la habilidad de volver a la respiración, a traer su atención de vuelta y permítale descansar en ese milagro que es inhalar y exhalar. Sólo observe eso. Puede ver cada distracción como otra oportunidad de atraer su atención y traerla de vuelta amablemente a su respiración, de la forma en que podría redirigir a un cachorro impaciente. Es en ese momento cuando nota que su atención se desvió, y gentilmente trae nuevamente la atención a la respiración, que desarrolla el músculo de la atención meditativa.

Asimismo, la meditación proporciona un descanso del flujo constante de pensamientos en su mente y crea la habilidad de pulsar el botón de pausa y darse cuenta de lo que realmente está allí. No podemos detener nuestros pensamientos y la meditación no pretende hacerlo. Solo nos ofrece la oportunidad de enfocarnos en dónde nuestra atención está fijada. Ciertamente se puede decir mucho más sobre la práctica de la meditación. En esencia, el concilio en sí es su propio tipo de meditación; algunos lo llaman "un grupo de práctica concientizada," ya que se nos pide que nos enfoquemos completamente en lo que está siendo compartido por cada participante y nada más. Algunos grupos de concilio alientan a los participantes a traer su propio tipo de meditación y ofrecerlo al grupo como parte de la "calma" que ocurre antes de una dedicación y al comienzo de la rotación de la pieza de hablar y compartir. A la medida que encuentre su propia relación con una práctica de enfoque de su atención y concentración, la conexión entre esta práctica de atención consciente y sus experiencias, incorporando al concilio en su grupo y en su vida, serán más obvias. Encontrará que la meditación y el concilio son prácticas que se complementan y fortalecen entre sí.

El término "atención plena" (Mindfulness) se ha popularizado como expresión y es un término en general que se refiere a las prácticas que nos ofrecen una oportunidad para bajar el ritmo y enfocar nuestra atención hacia lo que estamos experimentando en cada momento que se desarrolla en nuestras vidas. Jon Kabat-Zinn, fundador de la Reducción de Estrés Basada en la Atención plena, define la atención plena como "la consciencia que surge a través de prestar atención, a propósito, en el momento presente, de manera no prejuiciosa." El concepto de no ser prejuicioso se conecta activamente con la intención del escuchar desde el corazón en el concilio. Es un enfoque que nos permite realmente comprometernos en lo que estamos experimentando, atrayendo nuestra plena atención al momento, de manera que comprendamos, discernamos, y tomemos acciones deliberadamente, con intención. Al practicar la atención plena nos convertimos en los autores de la historia de nuestra vida, en los arquitectos del próximo capítulo. Este empoderamiento es algo que encontramos juntos cuando nos reunimos en el concilio, pero también está disponible para nosotros en cualquier momento de nuestras vidas, como se explorará en la segunda parte de este libro. Vivir conscientemente y participar en un grupo de práctica como el concilio, son maneras poderosas de tomar responsabilidad por la vida que queremos llevar y el mundo que queremos crear para nosotros y para las generaciones venideras.

Prácticas del diálogo cultural mundial

Nuestra supervivencia como especie depende de nuestra habilidad de reconocer que nuestro bienestar propio y el de los demás es, de hecho, el mismo.

—Marshall B. Rosenberg

El Camino del Concilio le debe mucho a los maestros y sabios de una variedad de tradiciones y culturas que han generosamente compartido sus conocimientos, experiencias y prácticas que han evolucionado por muchas generaciones alrededor del mundo y que han inspirado y sido incorporados en la metodología del concilio. Se le alienta a explorar las raíces de estas prácticas.

Algunas prácticas de diálogo de otras culturas que son congruentes y comparten mucho con la práctica del concilio incluyen:

> Nativos americanos: Concilio Haudenosaunee, Lakota Hocokah, diversas tradiciones de Círculo de Conversación, Círculo de Sanación, y Círculo para la Paz.

Hawaiana: Ho'oponopono.

Africana: Daré (Zimbabue); Ibitaramo (Ruanda); Fambul Tok (Sierra Leona).

Aborigen Australiana: Ceremonias de Iniciación.

Finlandés: Kehrä.

Tongana: Faikava.

Samoana: Su'ifefiloi.

Sur de Venezuela/Norte de Brasil (Tribu Yanomami): Wayamou.

Judía: Havurah, Hevreh (Ma'agal Hakshava), Farbrengen (reuniones de narración).

Cristiana: Círculos de Escucha; Cursillo, Reuniones de Amigos Cuáqueros, Escuchar con Devoción y Oír "El Llamado."

Islámica: Sobhet, Diwan, Loya Jurga.

Eslava Antigua: Veche.

Hindú: Satsang.

Psicología Social/Matemáticas: La Teoría de Campo de Kurt Lewin.

Psicología y Antropología: La Comunicación No Violenta de Marshall Rossenberg, La Terapia Narrativa, Arnold van Gennep, Victor Turner.

Gestión Organizacional: El Proyecto de Diálogo del Instituto Tecnológico de Massachusetts (MIT, por sus siglas en inglés), la Teoría U del Instituto Presencing, la Sociedad para el Aprendizaje Organizacional.

Humanismo Científico: Diálogos de Bohm.

Práctica Judicial: Círculos de Justicia Restaurativa, Círculos de Conferencia Comunitaria, Ley Tribal, Corte de Gicaca (Ruanda).

Literatura: "Círculos Investigativos" de Paolo Friere, Escuela Popular Highlander de Miles Horton.

Educación: "Reuniones Escolares" de William Glasser, Conversaciones de Goethe de Waldorf Education; Colaboración para el Aprendizaje Académico, Social y Emocional (CASEL, por sus siglas en inglés).

Referencias Literarias: La Ilíada, El Libro de la Selva, El Señor de los Anillos, Tocando al Oso Espiritual, etc.

Un experimento de reflexión

Mientras considera la imagen a continuación, note lo que ve primero, descríbalo para usted. Mientras lo hace, vea si hay otra forma de percibirla y entienda la imagen que examina.

Esta es una imagen famosa titulada "Mi Esposa y Mi Suegra." Es una ilusión óptica que representa tanto una mujer joven que mira hacia atrás y el perfil de una mujer mayor (el collar de la mujer joven también es la boca de la anciana). Algunos ven ambas imágenes fácilmente, sin embargo, hay otros que se les hace difícil dejar de ver lo que creen que ven y no pueden ver la otra imagen. Es un buen ejemplo de cómo nuestra capacidad de asimilar realmente algo tiene mucho que ver con nuestra voluntad de atraparnos en nuestras suposiciones y dejar de lado lo que creemos que vamos a encontrar para ver lo que hay.

A veces, la imagen superficial que tenemos de alguien, o el prejuicio que traemos, o el sesgo que cargamos, puede disminuir nuestra habilidad para realmente ver a la persona completamente, o incluso escuchar bien lo que tienen que decir. Nuestra habilidad de tomar lo que nos encontramos aumenta considerablemente cuando dejamos ir las suposiciones, lo que pensamos que sabemos, lo que hemos sido condicionados o enseñados a ver, lo que esperamos. Cuando nos entrenamos a calmarnos, a prestar atención, a resistir la reactividad, y a expandir nuestra consciencia, desarrollamos nuestra capacidad de vivir en el presente y tomar decisiones deliberadas y positivas sobre lo que queremos hacer y ser, basadas en lo que realmente está frente a nosotros.

La próxima sección de este libro tiene la intención de alentar su práctica dentro y fuera del círculo de concilio. Hay oportunidades infinitas para prestar atención y tomar buenas decisiones acerca de cómo se desarrollará nuestro camino. A medida que construyamos más oportunidades, también encontraremos maneras de afinar nuestra capacidad individual para la sensibilización y compasión, notando cómo nos mostramos, desarrollando gran conocimiento en nosotros y el mundo alrededor y tomando buenas decisiones acerca de cómo nos adentramos en nuestro próximo capítulo.

Rostros y voces del concilio

Anna Maria, líder de la organización artística

"Básicamente empezamos a practicar el concilio en nuestra organización y transformó la manera en que creamos el trabajo artístico."

Carey, administradora de la prisión

"Literalmente en el primer día, cuatro de estos hombres grandes y fuertes estaban en lágrimas, compartiendo su corazón… fue algo increíble de ver. Hago un seguimiento de sus 'disciplinas' y … he visto una gran transformación y realmente puedo decir que estos hombres, han tenido éxito, se mantienen fuera de problemas y están abriendo los ojos a nuevas formas de pensar … estoy muy impresionada. Estoy muy contenta de que el programa esté aquí y estamos orgullosos de tenerlo."

Edward, encarcelado en una prisión estatal (libertad condicional concedida)

"El concilio me ha impulsado. Ha sido una experiencia sanadora para mí. Realmente me ayudó a comunicarme, a abrirme un poco más, a aprender cómo empatizar con otras personas y a ver las cosas desde otros puntos de vista... Cuando uno se abre a otras personas, y ellas te escuchan, tienes la oportunidad de expresarte sin ser juzgado y criticado, empiezas a escuchar las coincidencias y te ayuda. El concilio te ayuda a aprender a descubrir tu verdadero yo, esa parte de ti que Dios creó, quien realmente eres; alguien amoroso, cariñoso, compasivo, y eso es lo que es el espíritu. Eso es lo que el concilio me ha ayudado a descubrir."

Gena, teniente de policia

"Al sentarte en el círculo, escuchas la historia de lo que es realmente el concilio; te hace ver las similitudes entre unos y otros y qué tan únicos e increíbles somos como raza humana. Sin importar tu historial, o si has estado en prisión, o si eres un policía, abogado, o simplemente una madre. Hay tiroteos, asesinatos, robos, y los niños salen heridos; eso llega a tu espíritu. No puedes simplemente alejarte de un homicidio, no te alejas de ver cuando se toma la vida de alguien... eso se queda en tu mente. ¿Cómo te cuidas a ti mismo cuando esas cosas pasan? Mediante el autocuidado, la meditación, e ingresar en el concilio y hablar de ello, informar y compartir... es terapéutico. Todos dijeron que los hizo ser un mejor esposo, un mejor padre, una mejor pareja..."

James, encarcelado en una prisión estatal (libertad condicional concedida)

"Me enganché desde el principio. Soy un prisionero de por vida y continúo teniendo mucho crecimiento por parte del Centro para Concilio. El concilio es para desarrollar un conjunto de habilidades para vivir una vida ética y para expresar humildad y bondad a otras personas, así como también ser capaz de trabajar en la autoestima y la dignidad propia. El concilio nos permite adentrarnos en áreas de nuestra vida que nunca pensamos posible; es una manera de sanar la vergüenza que nos ha consumido y no nos ha permitido ser nuestros verdaderos yo. El Centro para Concilio nos permite sentir que somos seres humanos, no solo reclusos… también crea un efecto dominó de crecimiento personal."

Joseph, encarcelado en una prisión estatal

"Lo que encontré con el Centro para Concilio fue algo completamente inesperado. Comencé a reconocer una necesidad para el cambio en mí mismo, una necesidad de retribuir. No estaba viendo a las personas por lo que eran, sólo pensaba en mí mismo, en lo que ellas podían hacer por mí…y esa manera de pensar me llevó a prisión. Pensé: ¿qué puedo hacer para cambiar eso? He estado tomando, tomando, tomando… ¿cómo revierto eso? Lo que el Centro para Concilio me ayudó a ver es que puedo retribuir, que tengo algo valioso que ofrecer que no sabía que tenía."

Mitch, encarcelado en una prisión estatal (libertad condicional concedida)

"He estado prácticamente en todos los grupos en esta prisión y este es diferente. Al estar en este grupo, aprendí a sentir la historia de alguien más, el dolor de alguien más. Ha roto los estereotipos y la manera usual en que los reclusos ven a las personas que son diferentes. Esto casi me ha vuelto a sensibilizar a ser más humano otra vez. Solía tener mucha fuerza falsa, era muy egoísta y... me humanizó. De verdad y genuinamente me importan los demás. El concilio me ayudó a desarrollar un sentido de confianza y me ha ayudado a empatizar y ganar conocimiento sobre mi niñez. Me puso en un lugar donde podía ser vulnerable dentro de un lugar donde no se suponía que lo fuera. Estoy eternamente agradecido por ello. Realmente me ha ayudado en mi camino."

Patti, líder de la organización sin fines de lucro

"Utilizamos el concilio en muchas circunstancias diferentes. Creo que es un proceso bastante adaptable. Es una forma de reunirse como comunidad. El concilio es realmente una práctica de autenticidad. Lo utilizamos con nuestros voluntarios, con nuestros jóvenes, con nuestro personal, y escuchar es una de las cosas más importantes en las que entrenamos. Esto permite que las personas se reúnan para escuchar en comunidad. Lo que hace el concilio es ayudar a que esa integración y esa reconexión se produzcan de nuevo. El concilio es una habilidad milagrosa."

Randolf, guardia de prisión

"Considero que en cualquier momento que las personas hablen de una manera que puedan escuchar y saber que son escuchados, y son capaces de apreciar y entenderse a sí mismos un poco más, las probabilidades de solventar conflictos son mucho más altas. Y creo que eso es lo que hace el concilio…
Si puedes impactar a una prisión de seguridad máxima de nivel cuatro, no tienes excusa, puedes impactar a una ciudad o a un condado, y si quieres hablar a niveles macro, el mundo…"

Sam, anteriormente encarcelado en una prisión estatal

"Me llevó a un lugar en mi vida donde era capaz de explorar mis crímenes y el impacto que mis acciones tuvieron en mis víctimas, mi comunidad, y mi familia. Mientras me colocaba en los zapatos de las personas que fueron afectadas por mis decisiones, comencé a cambiar mi actitud y la trayectoria de mi vida… alejándome de la destrucción y violencia hacia la paz y la sanación. Mientras más podamos integrar el concilio en la población privada de libertad, más podremos disminuir la violencia y las tensiones raciales en los patios de las prisiones. El concilio es sobre construir una comunidad y trabajar hacia la sanación, mientras nos entendemos los unos a los otros y vemos que todos tenemos historias similares. Ya no veía a otros reclusos a través de la visión de la pandilla, como el enemigo; los veía como alguien esperando ser escuchado, comprendido con compasión y empatía, eslabones potenciales de esta cadena de paz y bondad humana."

Shawn, teniente de policia

"Creemos que somos indestructibles. Siempre somos a los que la gente necesitada llama y siempre respondemos, pero ¿quién está ahí cuando lo necesitamos? Las personas necesitan entender que está bien ser vulnerable, está bien saber que no eres indestructible. Si tienes esa habilidad en las reuniones de pequeños Concilios de decir "¿saben qué? Tengo una historia que contarles" entonces sabrás que no estás solo. Creo que ayudará a muchos y creo que cambiará muchas de las disposiciones y ablandará esa cubierta rígida que nosotros, como oficiales de policía, desarrollamos a través del tiempo; ya sea que nos demos cuenta o no. Nos hace más comprensivos. Creo que más sabios, también. Nos da la habilidad de ser orgánicos y somos humanos, no estamos hechos de hierro."

Sofia, activista y facilitadora

"Estar en el concilio es darse cuenta de lo que se nota y simplemente escuchar lo que surge. No sólo escuchas las palabras que se dicen, sino que escuchas con el corazón. Yo diría que me transformó."

Theresa, guardia de prisión

"Los reclusos ahora se miran como individuos, son capaces de conocerse a sí mismos y entender que todos somos humanos y que todos tenemos problemas. Eso ha hecho que el ambiente se sienta más seguro, tanto para nuestros reclusos como para el personal. Están aprendiendo a escuchar sin prejuicio, aprenden empatía, y eso es un gran progreso."

Tony, líder de la organización sin fines de lucro

"Comenzamos cada reunión de personal, todos los lunes, con la práctica de concilio. Porque crea un contenedor, y estamos en esto juntos ahora y haremos nuestro tiempo sagrado juntos. Intencionalmente apartamos cada mañana del lunes un tiempo para ello, sin importar qué tan ocupados estemos."

PARTE 2
PROFUNDIZACIÓN DE LA PRÁCTICA DEL CONCILIO: TEMPORADAS DE CONCIENCIA

Esta sección del libro tiene la intención de enfocarse y apoyar el desarrollo de los cuatro diferentes aspectos de la consciencia plena en cuanto a:

La consciencia física

> nuestros cuerpos, otras personas, nuestro alrededor, lo que podemos sentir, percibir, ver, escuchar, probar, y oler.

La consciencia mental

> nuestros pensamientos, perspectivas, ideas, sesgo, diálogo interno y conceptos erróneos.

La consciencia emocional

> nuestros sentimientos, ya sea la tristeza, la alegría, el miedo, la soledad, o el amor... ¡y todo lo que agite nuestros corazones!

La consciencia social & energética

> nuestras relaciones con los demás, y el espíritu, la esencia, y los misterios de la vida.

Al desglosar nuestra experiencia de vida en estos cuatro aspectos, o temporadas, comenzamos a pensar en un mapa de cómo es el ser humano. Este mapa se parece a muchos modelos de la experiencia humana que han sido de ayuda a muchas personas a lo largo del tiempo. Algunos pueden ver paralelismo en el trabajo del psicólogo Carl Jung y cuatro "arquetipos" distintivos. Otros pueden reconocer la cosmología de una "rueda de la medicina" desarrollada por muchas tradiciones indígenas para ayudar a comprender el camino de la vida. El desglose de estas cuatro maneras de ver cómo experimentamos el mundo es una de las muchas formas de entender al ser humano.

Podemos encontrar útil trabajar con este mapa de los cuatro aspectos de la consciencia mientras trazamos un curso de exploración interna. Este viaje nos pedirá profundizar nuestra práctica de "escuchar desde el corazón," uno de los componentes más importantes, o intenciones, del concilio. En este caso, la escucha se extiende más allá de los sonidos que oímos con nuestros oídos, es prestar atención a las muchas maneras que interactuamos con nuestra vida interna y percibimos el mundo a nuestro alrededor.

A medida que somos más conscientes de la manera en que nos mostramos en nuestras vidas, desarrollamos mayor capacidad de percibir y entender tanto a nosotros mismos como al mundo alrededor, a nivel del cuerpo y nuestros sentidos ("consciencia física"), la mente y nuestro flujo constante de pensamientos ("consciencia mental"), el corazón y nuestro rango de sentimientos ("consciencia emocional"), y en las relaciones que tenemos con nuestro entorno, el sentido común que tenemos sobre situaciones en las que nos encontramos y la manera en la que nos enfrentamos a los misterios de la vida ("consciencia emocional/energética"). La exploración de estas cuatro categorías puede ayudarnos a entender y ser más hábiles en la navegación de nuestro camino en el mundo. Cuando elegimos ser más competentes en escuchar profundamente a nosotros mismos y al mundo, podemos construir nuestra capacidad de trabajar en estos aspectos de la consciencia a través de actividades de atención plena y las oportunidades de reflexión que hacemos independientemente, así como también lo que experimentamos cuando nos reunimos en concilio.

Lo que sigue es una sucesión de las veinticuatro asignaciones, seis asignaciones para cada una de las cuatro temporadas de conciencia. Si hace una asignación por semana, progresará en ellas en unos seis meses. Las asignaciones también pueden ser distribuidas, o hechas más rápidamente. No hay manera correcta de hacerlo, ya que cada asignación revelará que tiene muchas capas. Puede entonces encontrarse a sí mismo tomando tiempo adicional para reflexionar sobre los aspectos más resonantes. Incluso puede sentirse atraído a volver a estas ideas y preguntas una y otra vez. Le recomendamos que no apresure este proceso. Siempre puede volver y hacer todo de nuevo; de hecho, quizás estas asignaciones pueden convertirse en parte de una rutina que toma para practicar ser más consciente durante su día y a través del tiempo.

El camino a través de estas asignaciones no tiene la intención de llevar a una línea de meta donde todos los problemas están resueltos, los misterios revelados y garantizado el éxito total. En cambio, puede considerar esto como un camino alrededor de una gran rueda de la vida que nunca se detiene, volviendo siempre a estas consideraciones a medida que nos movemos a lo largo de los días y años, profundizándose un poco más.

Adicionalmente, cada una de las veinticuatro asignaciones que siguen serán etiquetadas con un subtema relacionado con las cuatro categorías de la consciencia. Las primeras seis asignaciones se relacionarán con *la consciencia física*; las siguientes seis con *la consciencia mental*; las siguientes seis con *la consciencia emocional*; y finalmente las últimas seis con *la consciencia social/energética*. Los seis subtemas para cada categoría indicarán un elemento separado de ese aspecto de la consciencia.

En cada una de las asignaciones se le introducirá una nueva "Práctica de Consciencia" que completará *tantas veces como guste*. Estas prácticas se ofrecen para ayudarle a aprender más de un aspecto en particular de usted. Cada práctica es algo que no puede hacerse mal; pretende ser una forma de que usted investigue activamente el tema de una manera nueva. Puede intentar la práctica una vez, o puede repetirla muchas veces. Quizás quiera saltar a la práctica de manera inmediata, o planearla, establecer un tiempo para la misma, y luego pasar algo de tiempo reflexionando o escribiendo acerca de su experiencia. Cada actividad es engañosamente sencilla: puede hacerse de manera apresurada y superficial, o de una manera que realmente le haga pensar y reflexionar y tal vez tomar conciencia de algo que nunca había considerado realmente. ¡Esperamos que elija este último enfoque! Las experiencias de estas actividades son para que las cree y descubra a su manera.

(Una nota sobre las 24 Prácticas de Consciencia: la Maestra Zen (y pediatra) Dra. Jan Chozen Bays, ha escrito mucho sobre las prácticas simples para perfeccionar la practica de consciencia que puede hacer en cualquier lugar. Muy amablemente nos otorgó su permiso para incluir muchas de estas en el plan de estudio. Sus investigaciones adicionales sobre este tema son sumamente recomendados, incluyendo su juego de cartas de "Atención plena Sobre la Marcha," de las cuales muchas de las actividades aquí presentadas fueron adoptadas).

Igualmente, cada asignación contendrá *"Algo que Considerar."* A medida que el tema se desarrolle para usted, y se tome algo de tiempo para trabajar con la Práctica de Consciencia, Algo que Considerar le indicará caminos en los que el tema puede surgir en su consciencia y le puede guiar a la contemplación, reflexión, o incluso, a la escritura o tener un diario sobre este tema. Tal vez sea simplemente una pregunta para la semana, o un tema a tener en cuenta en las conversaciones, pensamientos al azar y los descubrimientos que se produzcan. Hay mucho que desentrañar en torno a estos temas y puede que encuentre nuevos elementos que le resulten relevantes al volver a considerar estas sugerencias. Fíjese en lo que le llama la atención y dé un espacio para explorar estas consideraciones.

La "Sugerencia de un Diario o la Indicación del Concilio" para los 24 subtemas es una manera para que se comprometa, reflexione, y practique de una manera más profunda. El diario que pueda mantener en torno a estas pautas es para su propio beneficio, crecimiento personal y comprensión continua; no es una tarea en la que se le calificará. Puede mantener esta escritura en privado o compartirla con otros, eso depende de usted. Si forma parte de un grupo que se reúne en concilio, puede sugerir al facilitador del concilio formas de integrar los temas ofrecidos en sus tareas semanales, pero tenga en cuenta el funcionamiento de su grupo de concilio y respete los protocolos establecidos por el grupo.

En caso de que tenga la oportunidad, se le alienta a compartir en sus propios Concilios, independientemente, y puede querer utilizar estas pautas y temas en los Concilios que cree y facilite fuera de un grupo oficial. Los Concilios pueden ser realizados de manera informal, quizás con sus amigos o familia, o puede crear un espacio "concilio solitario" si así lo prefiere. Esto puede ser considerado "un concilio de una persona" y puede sentirse inspirado a imaginar la presencia de otros, escuchando cómo podrían responder a las pautas y permitiéndose hablar o escribir sobre lo que se le ocurra.

Si decide participar en un concilio solitario, a continuación, se le presenta una tabla de interés. Aquí exponemos los elementos del concilio y cómo los pasos que seguimos pueden verse en un entorno grupal, así como también en un "concilio de una sola persona."

1. Cree un círculo

CUANDO ESTAMOS EN CONCILIO
JUNTOS

Ubique las sillas en un círculo, suficientes para todos, asegurándose que todos puedan ver a todos. Considere dejar una silla vacía para aquellos que no están aquí.

CUANDO ESTAMOS EN CONCILIO
INDIVIDUALMENTE

Prepare un espacio tranquilo, sin distracciones, saque una pluma o lápiz y una hoja de papel. Tenga la pauta para hoy lista para revisar. Imagine un espacio contenido en la que usted entrará en concilio.

2. Cree el centro

JUNTOS

Ubique un centro de tela, añada piezas personales significativas de conversación, coloque algo para anotar dedicatorias, hágalo especial.

INDIVIDUALMENTE

Imagine que arregla las cosas en un círculo con un centro distintivo. Encuentre uno o más objetos que tengan significado para usted y colóquelo(s) en frente de usted.

3. Llegue y traiga su atención plena al círculo

JUNTOS

Enfóquese en su cuerpo, coloque sus pies en el suelo, sienta la silla debajo de usted, preste atención a su respiración, fije su atención al aquí y al ahora.

INDIVIDUALMENTE

Prepare lo mismo que aparece en la columna de la izquierda: tome algunas respiraciones profundas, calme su mente, sepárese de las distracciones a su alrededor, relájese en el momento.

4. Ofrezca dedicaciones

CUANDO ESTAMOS EN CONCILIO JUNTOS

El facilitador invita las dedicaciones por parte de los participantes.

CUANDO ESTAMOS EN CONCILIO INDIVIDUALMENTE

Piense en lo que "quiere llamar al círculo": una persona, un lugar, diga un nombre o un pensamiento en voz alta o para usted mismo, o escríbalo.

5. Ronda de chequeo

JUNTOS

Ronda rápida para notar cómo se siente este momento: físicamente, mentalmente, emocionalmente, espiritualmente.

INDIVIDUALMENTE

Encuentre una o dos palabras para describir cómo se siente ahora mismo en su cuerpo, mente, corazón, y alma. Nótelo para sí mismo o escríbalo.

6. Pautas

JUNTOS

El facilitador ofrece una pauta y los participantes responden a ella (o a algo más).

INDIVIDUALMENTE

Lea la pauta proporcionada en la asignación de este libro, o use una pauta que se le haya ocurrido.

Escuche desde el corazón

JUNTOS

Aparte el prejuicio, el análisis, el estar en acuerdo/desacuerdo… y escuche como escucha la música o a la naturaleza.

INDIVIDUALMENTE

No dude de sí mismo, confíe en lo que surge en su corazón por la pauta y su reacción.

Hable desde el corazón

CUANDO ESTAMOS EN CONCILIO JUNTOS

Cuando reciba la pieza de hablar, diga lo que está vivo y es real para usted en el momento.

CUANDO ESTAMOS EN CONCILIO INDIVIDUALMENTE

Escriba sin editar o censurarse, guíese con lo que venga a usted. No se preocupe por la ortografía o gramática perfecta. Dibuje una imagen si no tiene las palabras. Use otro idioma si es más fácil.

Sea espontáneo

JUNTOS

No ensaye o repita lo que planeó o lo que cree que debería decir, deje que surja lo que es real y verdadero.

INDIVIDUALMENTE

Confíe en lo que viene a usted que es real y verdadero y que necesita ser escrito, incluso si piensa que no tiene sentido. No se preocupe si no sale "perfecto." Nadie lo calificará en esto.

Hable a la esencia

JUNTOS

Diga lo que es necesario, vaya a la esencia de lo que necesita ser dicho.

INDIVIDUALMENTE

Enfóquese en lo que necesita ser expresado. Esto no es acerca de que tenga que ser corto, sólo quedarse en el tema e ir a la esencia de lo que quiere decir.

7. Ronda de Testimonio

CUANDO ESTAMOS EN CONCILIO JUNTOS

El facilitador ofrece una ronda rápida, en la cual el grupo puede reflexionar en algo que se haya quedado en su mente.

CUANDO ESTAMOS EN CONCILIO INDIVIDUALMENTE

Baje su pluma y respire. Quizás levántese y estírese y luego relea lo que escribió como si lo estuviera haciendo por primera vez.

8. Cierre

JUNTOS

El facilitador ayuda al grupo a marcar el final de la sesión, reuniéndose, celebrando el tiempo y saliendo juntos del concilio.

INDIVIDUALMENTE

Doble el papel y déjelo a un lado. Respire profundamente y exhale, imaginando que su aliento transporta sus palabras a aquellos que puedan leerlas o escucharlas en un círculo de Concilio. Imagine la consideración y la buena voluntad que tienen al escuchar su verdad; reconozca los objetos que colocó en su centro, recójalos, si puede, y ofrézcales cuidado y respeto, luego devuélvalos al lugar donde los guarda.

Usted decide lo que hace con lo que escribió: guárdela, envíela a un ser querido que sea receptivo a ella, o rómpala si lo prefiere. Lo que escribió es una oportunidad para explorar lo que está vivo en usted más que cualquier otra cosa. Salir del espacio del Concilio le permite distanciarse del "usted" que ha respondido a esa pauta. Retírese de este momento con respeto y aprecio por su voz interior y la oportunidad de reflexionar.

Encontrará que el concilio se puede experimentar de muchas maneras, incluso después de que haya concluido. Personificar el concilio es una práctica mucho más profunda que participar en un concilio grupal una vez a la semana. El concilio es una manera de caminar en el mundo, intencional y presente en el momento, abierto a todos, disponible para experimentar el mundo a su alrededor, fresco y en cada momento.

Finalmente, cada asignación culminará con algo de Material de Lectura, el cual se resume en este libro en un párrafo corto, pero está disponible en mayor longitud en los enlaces de internet proporcionados. Lo que se incluye dentro de cada asignación le dará una idea y, con suerte, le abrirá el apetito para seguir investigando sobre las ideas y los temas que le interesan.

A continuación, se presentan las veinticuatro asignaciones, de las cuales seis corresponden a cada una de las cuatro categorías antes descritas. Esperamos que sean de utilidad para usted mientras continúa su camino hacia la consciencia propia y el conocimiento, escuchando desde el corazón a todo lo que surge. Las oportunidades para aprender y profundizar siempre estarán presentes.

La consciencia física

Nuestra primera categoría es *la consciencia física*: ¿qué aprendemos a medida que observamos nuestros cuerpos, el mundo, los objetos, las formas, las personas, el ambiente, etc.? ¿Cómo sentimos, percibimos e interactuamos con el mundo físico?

La consciencia física

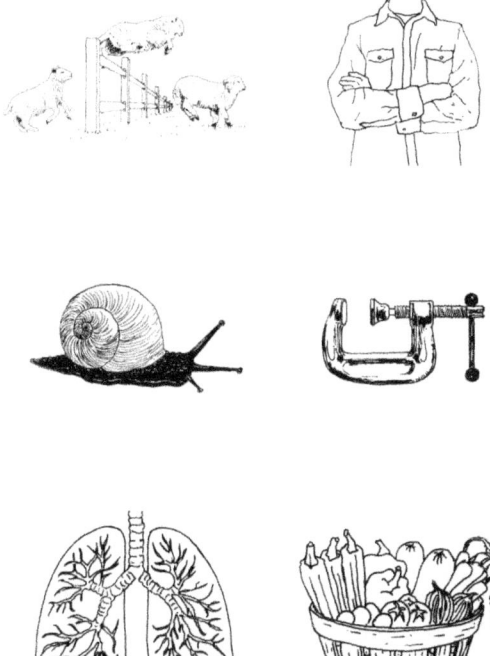

Lenguaje corporal

LA CONSCIENCIA FÍSICA

Práctica de consciencia
Sea consciente de su postura

Varias veces al día, esté consciente de su postura. Un buen momento para trabajar con la atención plena de la postura es cuando está comiendo. Otros momentos interesantes incluyen mientras hace una fila, mientras está acostado en su cama, o mientras camina.

Algo para considerar

¿Qué le dice la postura o el lenguaje corporal de una persona? ¿Qué dice sobre usted?

Pautas

1) Cuente una historia acerca de algún momento en el cual se sintió físicamente poderoso, o donde se haya sentido débil.

2) escriba un momento en el cual escuchó a su cuerpo, o uno en el que lo ignoró.

Recursos

Nuestra postura y lenguaje corporal impactan la perspectiva que tenemos de nosotros mismos más de lo que pensamos. En su TedTalk, Amy Cuddy habla acerca de cómo hacemos prejuicios constantemente acerca del lenguaje corporal de los demás, pero a veces olvidamos que también nos impacta la manera en que posamos y nos expresamos a través de este. Por ejemplo, nos abrimos cuando nos sentimos poderosos. Nos extendemos físicamente, abrimos nuestros brazos y alzamos nuestra cabeza cuando nos sentimos orgullosos y fuertes. Del mismo modo, nos cerramos y nos hacemos físicamente más pequeños cuando nos sentimos tristes, débiles e incapaces. Cuddy quería averiguar si nuestro lenguaje corporal influencia cómo nos sentimos con nosotros mismos. Para responder esto, condujo un pequeño experimento donde le preguntó a un grupo de personas que hicieran poses de gran poder, tal como pararse con las manos en la cintura (como la Mujer Maravilla) o sentarse en una silla con sus manos detrás de la cabeza y colocar los pies encima de una mesa. Al hacerlos cambiar estas posturas durante dos minutos, Cuddy descubrió que las personas se sentían más poderosas y tenían menos niveles de estrés luego de estas posturas que antes de hacer las mismas. significativamente su confianza y hacerlo sentir más calmado cuando está en situaciones que pueden ser estresantes, como entrevistas de trabajo, hablar en un grupo grande, u otros entornos sociales.

Puede encontrar más sobre esto en *Su Lenguaje Corporal Puede Formar Quien Es.* (https://c4c.link/01A)

Algunas personas parecen recuperarse de las situaciones de estrés mejor que otras. Un investigador de la neurociencia, Peter Strick, tenía curiosidad acerca de la respuesta al estrés de las personas y qué lo modulaba. Había notado cómo los atletas élite tenían una habilidad para cometer errores, pero se recuperaban rápidamente y seguían compitiendo. Los hijos de Strick le dijeron que debía ejercitar su zona del tronco, por ejemplo, con yoga o Pilates; pero, como científico, estaba escéptico y dijo que no encontró ningún tipo de evidencia científica sobre conexiones nerviosas que explicaran por qué ejercitar el tronco tendría algún impacto en cómo manejar el estrés. El punto de vista tradicional ha sido que nuestra respuesta al estrés ocurre de forma descendiente: un lugar en su cerebro llamado la amígdala detecta una amenaza, luego envía una alarma a través de sus nervios unidireccionalmente a las glándulas suprarrenales para producir más adrenalina.

Pero la investigación sobre el funcionamiento del virus de la rabia hizo que Strick tomara nota. Los científicos encontraron en modelos de animales que las conexiones nerviosas entre la glándula suprarrenal y el sistema nervioso eran considerablemente más complejas que la asumida anteriormente, correspondiente a un mensaje unidireccional de la amígdala. Entre estas conexiones del músculo que controla nuestra postura (nuestro tronco) a la corteza motora y sensorial (las partes del cuerpo que sienten y nos dicen que debemos movernos). Y, lo que fue más sorprendente para Strick fue que estas conexiones eran bidireccionales. Esto significa que no solo el cerebro le dice a la glándula suprarrenal que produzca adrenalina y que los músculos del tronco se muevan, sino que lo reverso también ocurre: el cerebro escucha las señales de estos músculos, y luego modula la respuesta al estrés aumentando o disminuyendo la liberación de la adrenalina. Con esta evidencia, Strick admitió que sus hijos tenían razón, y tenía la prueba científica para mostrar que las prácticas de fortalecimiento del tronco, como el yoga, tai chi, y Pilates tenían un efecto regulador en nuestra respuesta al estrés.

Puede obtener más información sobre esto en
Por Qué Un Neurocientífico Empezó A Ejercitar Su Tronco.
(https://c4c.link/01B)

El estrés

LA CONSCIENCIA FÍSICA

Práctica de consciencia
Sólo tres respiraciones

Tantas veces al día como pueda; deje que la mente descanse un poco. Durante estas tres respiraciones pídales a las voces internas que estén en silencio. Es como apagar una radio o la televisión interna por unos minutos. Luego, después de las respiraciones, abra todos sus sentidos y esté consciente de todo a su alrededor: los colores, los sonidos, el tacto, los olores.

Algo para considerar

¿Qué sensaciones son visibles en su cuerpo cuando está estresado vs. cuando está relajado?

Pautas

1) Describa un momento en el cual se sintió estresado; ¿qué situaciones o personas lo estresaron?
2) ¿Dónde experimenta el estrés en su cuerpo y qué, si lo hay, hace para aliviar el estrés?

Recursos

¿Está "estresado"? ¿Tiene dificultad para dormir, tiene poca concentración, indigestión o palpitaciones cardíacas? Aunque el estrés, en sí mismo, no es malo (lo necesitamos para poder responder rápidamente a las amenazas), cuando es constante experimentamos estos síntomas. A lo largo del tiempo, incluso el tamaño, la estructura, y la función de nuestros cerebros cambian.

Nuestra "respuesta al estrés" es en gran parte controlada por un sistema llamado el Eje HPA. En el cerebro están el Hipotálamo y la glándula Pituitaria y en la parte superior de nuestros riñones se sitúan las glándulas Adrenales (o glándulas suprarrenales). La comunicación entre estos cuando nos sentimos atacados conlleva a un aumento de la hormona cortisol. El cortisol tiene muchas funciones: en nuestro corazón, la habilidad de acelerarse o ralentizarse; en nuestro sistema inmunológico; e incluso a nivel celular activando y desactivando los genes. También hay receptores para el cortisol en el hipotálamo y en la glándula pituitaria, y si con el tiempo los niveles de cortisol se mantienen altos, estos receptores se desactivan y finalmente desparecen. Es como tener un hermano menor muy fastidioso quien constantemente llama a su nombre, o repetidamente pregunta "¿por qué?" Eventualmente lo ignora y deja de escucharlo.

Pero cuando hablamos de "no escuchar" al cortisol, esto significa una pérdida en esas señales que hacen que nuestro sistema inmunológico esté sano. Y en el cerebro, significa la pérdida de conexiones entre neuronas, e incluso la pérdida de masa cerebral, particularmente en el lóbulo frontal. Esta parte del cerebro que nos ayuda a tomar decisiones, tener buen juicio, y conexiones sociales positivas. Investigadores piensan que las enfermedades como Alzheimer tienden a desarrollarse en cerebros que hayan perdido su respuesta normal al cortisol. Incluso más impactante es el hecho que investigaciones muestran que la nutrición que ocurre en la infancia (por lo menos en ratas) conlleva a una respuesta normal al estrés activando y desactivando algunos genes. Incluso si su rata-madre es negligente, si se le da un sustituto de rata-madre nutritivo, el cambio hace que estos genes funcionen como las ratas nutridas desde el principio.

Sin embargo, lo que sorprendió más a los investigadores fue que las ratas cuyos genes funcionan de manera normal, gracias a la nutrición en la infancia, pasaron estos genes normales a sus descendientes (y a la inversa, los que no se nutren transmiten genes que funcionan mal). Este fenómeno se denomina "epigenética" y lo que significa básicamente es que no nos quedamos simplemente con los genes con los que nacemos. El entorno en el que vivimos desempeña un papel fundamental en el funcionamiento de nuestros genes de forma no transitoria. Y los cambios que hacemos en nuestra función cerebral pueden transmitirse a nuestros descendientes. Así que respire profundamente. De hecho, respire profunda y lentamente cinco veces. Puede ayudar a su Eje HPA recuperar su función normal y no solo vivir una vida más saludable, ¡sino pasarlo a sus futuras generaciones!

Aprenda más sobre esto en *Cómo El Estrés Afecta Su Cerebro*.
(https://c4c.link/02A)

El estrés (corazón palpitante, palmas sudorosas, boca seca) sólo puede ser mal para usted ¡si así lo cree! Kelly McGonigal, una investigadora y psicóloga, confiesa que enseñarles a las personas previamente que el "estrés los matará" ha hecho daño. Cita un estudio de 30.000 adultos que se les hicieron dos preguntas: (1) ¿Qué tanto estrés ha experimentado en el último año?, y (2) ¿Cree que el estrés es malo para la salud? Los adultos miraron las estadísticas de mortalidad de este grupo. Aquellos con mucho estrés que creyeron que hacía daño, tuvieron un 43% de aumento de probabilidad de morir. En cambio, el grupo con menor riesgo a morir fueron aquellos con la mayor cantidad de estrés que *no* creían que el estrés hace daño a su salud.

Entonces, al conocer esto, McGonigal preguntó que si cambiando de opinión sobre el estrés puede resultar en algún cambio significativo en el cuerpo. Exploró esto en otro estudio, en el cual grupos de personas fueron puestos en un escenario que provocan estrés (hablar en público, un examen de matemáticas, y comentarios negativos de investigadores). Al primer grupo no se les dio más instrucciones, pero al grupo experimental se les enseñó que sus respuestas físicas al estrés (esa frecuencia cardíaca rápida y respiraciones profundas) estaban allí por una razón: para prepararlos para la batalla, en la mejor forma para que sus cuerpos respondieran. Psicológicamente, el segundo grupo se desempeñó mucho mejor, pero lo que sorprendió más fueron los cambios físicos. Bajo estrés, nuestros corazones laten rápidamente y nuestros vasos sanguíneos se contraen (la fisiología más asociada con un riesgo a un infarto o un derrame cerebral). Pero en el grupo experimental, aunque sus frecuencias cardíacas se mantuvieron elevadas, ¡sus vasos sanguíneos se *dilataron*!

Biológicamente hablando, esta situación es la que se ve cuando alguien experimenta una gran alegría, asombro o valentía. Un aspecto de nuestra respuesta al estrés es liberar una hormona en el cerebro llamada oxitocina. Dilata los vasos sanguíneos, amortigua la cascada inmunitaria y ayuda al corazón a repararse cuando se ha dañado. Además, la oxitocina aumenta cuando nos conectamos con los demás en momentos de presión. En un último estudio, se le preguntó a las personas (1) ¿Cuánto estrés experimentó en el último año? Y (2) ¿Cuánto tiempo pasó ayudando a los demás? Encontraron un aumento del 30% en el riesgo de muerte por CADA uno de los principales factores de estrés en la vida, pero este riesgo se redujo a cero en aquellos que informaron de un alto grado de cuidado de los demás. Así que... aprenda a creer que su cuerpo está perfectamente hecho para responder a las tensiones que la vida le lanza. Y la próxima vez que se sienta abrumado, ¡llame a un amigo!

Obtenga más información en *Cómo Convertir El Estrés En Su Amigo*.
(https://c4c.link/02B)

Sueño

LA CONSCIENCIA FÍSICA

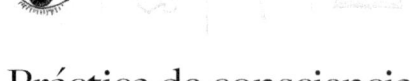

Práctica de consciencia
Descanse sus manos

Varias veces al día, deje que sus manos se relajen por completo. Déjelas estar quietas por al menos unos segundos. Una manera de hacer esto es colocándolas en su regazo y luego enfóquese en las sensaciones sutiles que siente en las manos quietas.

Algo para considerar

¿Qué es difícil de dejar ir?

Pautas

1) ¿Cómo era su hora para dormir cuando era niño y cómo se diferencia de irse a dormir ahora?

2) ¿Cómo se siente cuando ha dormido lo suficiente o cuando no?

Recursos

Jeff Illiff es un neurocientífico que pasa su tiempo investigando cómo funcionan los cerebros, especialmente lo que hacen mientras dormimos. Pasamos un tercio de nuestras vidas dormidos, pero ¿qué hacen nuestros cuerpos durante todo ese tiempo? Considere esto: con una noche de sueño completa, probablemente le es más fácil pensar. Pero las noches donde a penas duerme, su mente se siente nublada todo el día. Resulta que dormir es en parte un diseño de solución de uno de nuestros problemas más básicos: deshacerse del desperdicio. La mayoría de los órganos en nuestro cuerpo tienen células especialmente hechas para desechar lo que no necesitan, pero el cerebro no tiene espacio para células extra.

Antes de que el equipo de Illiff hiciera su investigación, las personas no sabían la manera en la que el cerebro se deshace de los residuos. Su equipo descubrió que el cerebro elimina los residuos de una manera única, a diferencia de cualquier otra parte del cuerpo. En lugar de células extra, las partes externas de los vasos sanguíneos en el cerebro toman el rol de eliminar los residuos. Básicamente, el cerebro tiene un sistema súper especializado de tuberías. Pero este proceso solo puede ocurrir mientras dormimos. Es como la manera que priorizamos el trabajo: durante la semana, estamos tan ocupados trabajando que no tenemos tiempo para limpiar. Durante el fin de semana, nos damos cuenta de lo sucio que se pusieron nuestros espacios durante la semana y finalmente tenemos algo de tiempo para limpiar. Cuando el cerebro está en modo de dormir, finalmente tiene tiempo de enfocarse en eliminar ese residuo que se acumula entre las células cerebrales.

Un producto de residuo que el equipo de Illiff estudió fue una proteína llamada beta-amiloide. Esta proteína es producida continuamente durante el día, así que una vez que el cerebro está en modo de dormir, tiene mucho que hacer para eliminarla. Los investigadores han notado una asociación de cantidades aumentadas de beta-amiloide y la enfermedad de Alzheimer, y aunque no dormir no significa que automáticamente vaya a sufrir de Alzheimer, hay evidencia que indica que, si no hay tiempo suficiente para que el cerebro elimine los residuos, podría contribuir al desarrollo de esta enfermedad. ¡Esa es solo una razón más por la que debería dormir bien!

Puede encontrar más información sobre esto en
Cómo el cerebro se cuida a sí mismo.
(https://c4c.link/03A

El especialista en el sueño, Dr. Rubin Naiman desglosa los 10 conceptos erróneos sobre el sueño:

1. Todos deberían dormir al menos 8 horas cada noche.
De hecho, qué tanto necesita una persona dormir varía entre cada persona. Algunos necesitan 10 horas cada noche, y otros pueden necesitar 7.

2. Es malo no dormir toda la noche.
En realidad, despertarse ocasionalmente en medio de la noche es normal.

3. Puede obligarse a quedarse dormido.
La verdad es que no podemos controlar el proceso.

4. Si no puede dormir, debería quedarse en la cama y seguir intentando.
Es mejor salir de la cama durante ese momento.

5. No hay manera que pueda tener un buen día si tuvo una mala noche.
Eso no es necesariamente cierto: Los seres humanos pueden ser muy resilientes y adaptarse a todo tipo de condiciones, incluyendo una noche de poco sueño.

6. Si no es capaz de dormirse al momento, no tiene buen sueño.
Es normal tomarse hasta 20 minutos para dormirse.

7. Tener muchos sueños equivale a una mala noche durmiendo.
Falso. ¡Soñar cada noche es clave para una buena noche de sueño!

8. Si no puede dormir, es mejor ser productivo y trabajar.
Ser productivo en las noches puede interrumpir su sueño.

9. Es normal dormir cada vez peor a medida que envejece.
Esto no está destinado ocurrir al envejecer. Es común, pero no siempre es saludable o normal.

10. Es bueno mirar la hora cuando no pueda dormir.
¡Mirar el reloj hace más difícil volver a dormir!

Puede leer más sobre esto en *10 Creencias Erróneas Acerca del Sueño.*
(https://c4c.link/03B)

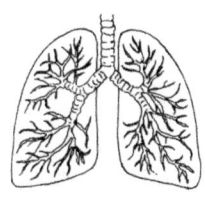

Respiración

LA CONSCIENCIA FÍSICA

Práctica de consciencia
La relajación

Sea consciente del movimiento del aire, tanto en formas obvias, como el viento o la ventilación en una habitación, como en formas sutiles, como la respiración.

Algo para considerar

¿Cómo se mueve el aire a su alrededor y dentro de usted?

Pautas

1) Describa un olor que ame y uno que odie.

2) Cuente sobre algún momento en el que perdió su aliento, o cuando lo recuperó...

Recursos

La respiración profunda puede disminuir la ansiedad, traerlo al momento presente, y ayudarlo a calmarse y considerar cómo responder a lo que le causa estrés. Cuando está estresado o preocupado, puede sentirlo físicamente en su cuerpo; por ejemplo, en los latidos rápidos de su corazón o al sentirse mareado.

De acuerdo con la Dra. Tania Elliot, quien trabaja en el centro de Salud Langone de la Universidad de Nueva York, la "respuesta de huir o luchar" impulsa esta reacción que nuestro cuerpo tiene hacia el estrés. Como experimentamos estrés constantemente en nuestro día a día, nuestro cuerpo activa repetidamente este tipo de respuesta. Esta respuesta surge por cosas pequeñas, como conflictos laborales o menos tiempo para hablar con los amigos, o por situaciones muy estresantes, como problemas matrimoniales o miedo a perder la vivienda. Cuando el cuerpo empieza a llenarse de adrenalina y otras hormonas del estrés, las respiraciones profundas pueden ayudar a interrumpir las respuestas que conducen a la resequedad de boca, la respiración y el ritmo cardíaco acelerados, e incluso la "rueda de hámster" mental de los pensamientos.

Si quiere dejar de sentirse estresado, Ester Sternberg, directora de investigación del Centro de Medicina Integral de Arizona, sugiere que piense en ello como si quitara el pie del acelerador y lo colocara en el freno. Para ayudar a "poner el pie en el freno," Sternberg habla de la respiración profunda como una forma de activar el nervio vago, que calma el ritmo cardíaco y ayuda al cuerpo a entrar en un estado de relajación. Hay muchos patrones de respiración intencional que ayudan a minimizar la respuesta al estrés. En uno de ellos, se inhala durante cinco segundos y luego se exhala durante cinco segundos. En otro, la Dra. Elliot sugiere inhalar durante cuatro cuentas y luego exhalar durante ocho cuentas.

La Dra. Sternberg también sugiere inhalar durante cuatro cuentas, mantener la respiración durante siete y exhalar durante ocho (también conocida como "Respiración 4-7-8"). Pruebe cada uno de los patrones y vea lo que funciona para usted. Adoptar una práctica diaria de respiración profunda intencional durante uno o dos minutos dos veces al día puede ayudar a controlar la reacción exagerada del cuerpo ante el estrés diario. Con el tiempo, su sistema nervioso estará más sano.

Puede encontrar más información en
Lo Que La Respiración Profunda Hace Le A Su Cuerpo.
(https://c4c.link/04A)

Siempre hay cosas alrededor de nosotros que pueden activar nuestra respuesta de huir o luchar: sonidos fuertes, luces brillantes, e incontables otras cosas sensoriales que captan nuestra atención. Stacey Schuerman, una maestra de yoga experimentada y licenciada, dice que tomar unos minutos del día para enfocarse en su respiración marca la diferencia en su vida, incluso si al principio parece algo simple o aburrido. En su TedTalk, Schuerman explica una manera de practicar las respiraciones profundas.

- Primero encuentre una posición cómoda (sentado o acostado) en la que esté completamente apoyado.

- Puede cerrar sus ojos y tomarse algunos momentos para sentir sus pies en el suelo, o el contacto que hace su espalda con la silla o con el suelo.

- Puede sentir su columna alargarse mientras respira normalmente, y permita que se ablanden los lugares apretados (como su mandíbula, o los músculos de los hombros).

- Conscientemente, deje ir todo fuera del espacio en el que está: las cosas que pueden haber pasado antes de la práctica, las cosas que debe hacer luego, y cualquier prejuicio o expectativas que tenga.

- Note sus latidos del corazón y dese la bienvenida a como es usted en el momento.

- Siendo consciente de su respiración, note la subida y bajada de su pecho mientras inhala y exhala. Durante cinco respiraciones cuente los segundos que le toma inhalar y exhalar; comúnmente las respiraciones profundas duran entre cuatro y ocho, pero lo que sea que cuente está bien... solo dese cuenta.

Luego de que haya terminado con sus respiraciones, observe el estado de su mente y cuerpo. Ambos pueden estar más calmados que cuando comenzó. Intencionalmente dé un paso fuera de este espacio y continúe con su día.

Puede aprender más en *La Respiración: Cinco Minutos Pueden Cambiar Su Vida*. (https://c4c.link/04B)

Relajarse

LA CONSCIENCIA FÍSICA

Práctica de consciencia
La espera

En cualquier momento en el que se encuentre esperando, quizás mientras está en una fila, aproveche esta oportunidad para ser curioso ¿Cómo se siente su cuerpo? ¿Está impaciente por moverse?

Algo para considerar

¿Qué siente cuando está molesto?

Pautas

1) Hable acerca de algún momento en su vida que fue muy rápido, o muy lento...

2) ¿Para qué se relaja?

Recursos

El mundo ha estado "a toda velocidad" durante mucho tiempo. Carl Honoré habla en su TedTalk sobre las maneras en las que podemos relajarnos para vivir una vida más saludable. A menudo intentamos mejorar las cosas acelerándolas, pero perdemos la conexión con las partes de nuestras vidas donde deberíamos disminuir la velocidad. Si nos liberamos de la mentalidad de siempre movernos rápidamente, y nos relajamos en los momentos indicados, ¡podremos lograr mucho más! Honoré proporciona muchos ejemplos en los que la relajación es beneficiosa. Uno de ellos es disminuir el movimiento de la comida, en la que encontramos más placer y salud de la comida si la cocinamos y la comemos a una velocidad estable. Comprar la comida en sitios como los mercados locales y escoger comida orgánica puede ayudarnos a apreciarla más. Si tomamos el tiempo para relajarnos en otros entornos como el trabajo, en casa, y en nuestros espacios privados, la calidad de vida mejora y la productividad aumenta.

Honoré enfatiza la importancia de tomar los pequeños momentos para sentarse solos en una habitación en silencio sin ninguna distracción, lo que puede ayudar a las personas a recargarse y pensar creativamente. El tomarse el tiempo sin distracciones para estar con la familia y amigos también crea relaciones más significativas. Aunque relajarse no siempre puede ser la respuesta, Honoré cree que existe algo llamado "buena relajación," donde estamos presentes con aquellos que nos importan, tomándonos el tiempo para relajarnos y disfrutar de la vida. En los momentos correctos nos puede hacer sentir que realmente vivimos nuestras vidas, en lugar de ir a toda velocidad en nuestras rutinas diarias e ir marcando casillas de nuestra lista, para apreciarla un poco más.

Puede encontrar más información en *En Alabanza a la Lentitud*.
(https://c4c.link/05A)

El mundo nunca dejará de moverse. Tenemos que pausar intencionalmente porque siempre será ruidoso. El silencio puede ayudar a calmar nuestras mentes y cuerpos. Cara Bradley habla en su podcast sobre las maneras en las que podemos tomar descansos del ruido, para ayudar a refrescarnos y revitalizarnos, lo que resulta en un sistema nervioso más balanceado. Bradley primero habla sobre dos cosas importantes que considerar cuando se toma una pausa: el ruido interior y exterior. El ruido exterior es todo aquello que oímos constantemente a nuestro alrededor: personas hablando, el sonido de las máquinas, las alertas de los celulares, etc. El ruido interior es aquello que está dentro de nosotros. Bradley lo describe como estar en una habitación silenciosa, pero sentirse como si está alrededor de muchas personas y todas tratan de hablarle al mismo tiempo. Para ayudar a cortar el ruido interior y exterior, tenemos que encontrar nuestro silencio interior y exterior. Para detener el ruido exterior, Bradley habla acerca de tomar pequeñas acciones, ya sea apagando cosas alrededor que hacen ruido, o encontrar un espacio tranquilo donde podamos estar solos. Para encontrar el silencio interior, tomarse el tiempo para pausar uno o dos minutos antes de iniciar una nueva tarea puede calmar nuestras mentes y prepararnos mejor para lo que tengamos que cumplir en el día.

Bradley también introduce la "práctica de la pausa de poder," en la cual coloca sus pies en el suelo, las manos en sus muslos y cierra los ojos. Entonces torna su enfoque en las diferentes partes de su cuerpo, por ejemplo, cómo sus pies se sienten en el suelo, qué tan rápido o lento late su corazón, o cómo se siente su respiración. El simple acto de notar cuando practica esto, puede ayudar a eliminar el ruido, haciendo espacio para aclarar nuestros cuerpos y mentes.

Puede encontrar más información sobre esto en *El Poder de la Pausa*.
(https://c4c.link/05B)

Nutrición

LA CONSCIENCIA FÍSICA

Práctica de consciencia
Cuando coma, sólo coma

Elija una comida al día sólo para comer y nada más. Siéntese y tómese el tiempo para notar el color, la forma, la textura, el olor, y el sabor de su comida. Preste atención a los olores y a los sabores en su boca. Escuche los sonidos de comer y beber. Observe lo que es familiar para usted y lo que es diferente.

Algo para considerar

¿Qué condiciones impactan o cambian el sabor de su comida?

Pautas

1) En su infancia, ¿cuál era su comida favorita? Cuente una historia sobre su comida favorita.

2) ¿Qué tipo de comida le da curiosidad, o se le antoja?

Recursos

¡Los alimentos que come afectan su cerebro! Remueva toda el agua de su cerebro y sólo se queda con lípidos (grasas), proteína (formadas por aminoácidos), micronutrientes y glucosa. ¡Y no todas las formas de cada uno de ellos son creadas igualmente! En cuanto a los lípidos, su cerebro necesita la grasa (la cual se debe obtener de su dieta) para desarrollar las membranas celulares, las hormonas, y los transmisores. El omega 3 y 6 son particularmente importantes, así como la proporción entre ellos. Idealmente, una dieta con una proporción de 4:1 de omega 6 a omega 3 es óptima; pero actualmente en nuestro mundo de monocultivo (piense en el maíz) y la mega agricultura, esta proporción se ha distorsionado a 16:1. Esto se refleja en enfermedades cerebrales como el Alzheimer. Pero el consumo de alimentos como los pescados grasos (sardinas, salmón y bacalao), así como de frutos secos y semillas, mejora esta proporción.

Las proteínas en nuestra dieta se desglosan en aminoácidos, los cuales son usados en el cerebro para producir los neurotransmisores. Ese bajón después de la comida puede ser el resultado del aumento de triptófano, que cuando llega al cerebro se convierte en serotonina y tiene un efecto sedante. Por el contrario, el consumo de alimentos a altas horas de la noche y las bebidas con cafeína provocan un aumento de otros neurotransmisores (como la norepinefrina y la dopamina) que son activadores y podrían ser la causa de sus trastornos del sueño. Para crear estos neurotransmisores, el cerebro también necesita un conjunto de pequeñas cantidades de vitaminas y micronutrientes. En particular, las vitaminas B (tiamina, folato, cobalamina, riboflavina) y los minerales Hierro, Cobre, Magnesio y Zinc son importantes. En un mundo ideal con un suelo sano, éstos estarían presentes en cantidades suficientes. Sin embargo, de nuevo debido a nuestras prácticas agrícolas, nuestros suelos pueden carecer de cantidades adecuadas de precursores, por lo que tomar un multivitamínico puede ser una buena idea dependiendo del lugar donde viva y de su dieta.

Finalmente, el combustible del que dependen nuestros cerebros es la glucosa. Aunque nuestros cuerpos hacen un buen trabajo asegurándose que nuestros cerebros tengan un suministro constante, ¡lo que come puede tener un gran impacto! Los alimentos con un índice glicémico alto (los azúcares blancos, las comidas procesadas, el pan blanco, y las gaseosas dulces) causan un pico rápido en la glucosa de la sangre que luego cae rápidamente. Esto puede provocar el nerviosismo posterior a la comida seguido de un bajón de energía. Para remediarlo, consuma carbohidratos complejos como alimentos mínimamente procesados, cereales integrales y mayor cantidad de fibra. Una dieta equilibrada y variada es clave para la salud del cerebro.

Puede conseguir más información en *Cómo Afecta la Comida en Su Cerebro*. (https://c4c.link/06A)

El reconocido y adorado monje budista vietnamita, maestro y autor, Thich Nhat Hanh, ha pasado su vida promoviendo soluciones no violentas a conflictos y creando consciencia sobre la interconexión de todos los elementos en la naturaleza. Ha escrito más de 130 libros e incontables meditaciones para ayudarnos a brindar consciencia, paz, y alegría a las actividades simples que damos por sentadas, como tomar un vaso de agua, lavarnos las manos, o sacar la basura. A continuación, se encuentran las versiones resumidas de cuatro meditaciones simples que ha compartido sobre la manera en que comemos y bebemos:

1. Ver el agua... saber que su cuerpo es 70% agua, y que toda la vida en la tierra se sustenta por el agua, cuando abre el grifo, ¿puede ver con claridad hasta la fuente de su agua? En la gratitud por el agua vemos la interrelación de todas las formas de vida en nuestro planeta.

2. El tazón está vacío... Por supuesto, todos estamos agradecidos cuando tenemos una comida completa. Pero tómese un momento para ver el vacío de su tazón antes de llenarlo. Sepa que alrededor del mundo existen personas para las que es raro tener un tazón lleno de comida. Considere cómo podría ayudar alimentar a otros.

3. Los orígenes de una comida... Al vivir en países desarrollados, a menudo recibimos alimentos de todo el mundo. Considere mientras comienza a comer cuántas manos han trabajado, cuántas vidas se han entregado, cuánta energía fue consumida para que estos alimentos llegaran a su plato. Internalícelo con la intención de hacer que tal considerable esfuerzo tenga buen uso.

4. Reciclar... Podemos preferir el olor de una rosa al olor de la basura, pero ¿puede ver cómo ambos son iguales? Nada en este planeta crece sin la conexión a algo que ha muerto para nutrirlo. La basura se transforma en composta, la composta se convierte en suelo rico en nutrientes, el suelo nutre a las plantas que florecen y proporcionan alimentos, luego se marchitan y se desvanecen y se convierten nuevamente en basura.

> Estas meditaciones se describen más detalladamente en
> *Meditaciones para las Vidas Conscientes.*
> (https://c4c.link/06B)

La consciencia mental

Nuestra segunda categoría es *la consciencia mental*: lo que notamos al observar la voz en nuestras cabezas, nuestro sesgo y perspectivas sobre las cosas, la manera en que pensamos sobre el mundo, y aquellos que lo habitan. ¿Cuáles son las historias que hemos aprendido a creer acerca de nosotros, nuestro mundo y nuestro lugar en él?

La consciencia mental

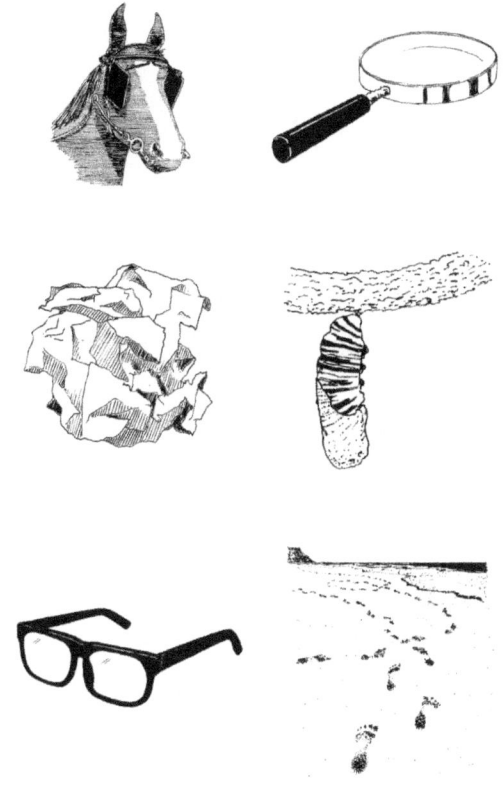

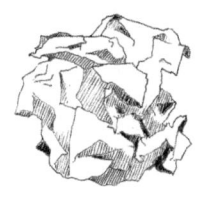

Crítica interna, pensamientos negativos

LA CONSCIENCIA MENTAL

Práctica de consciencia
El disgusto

Sea consciente del disgusto, cuándo se pone en marcha. ¿Qué voz surge en su mente? ¿Habla amablemente, o lo critica a usted/a los demás/a la situación? Note cuando la ansiedad hace su aparición por primera vez en el día. Varias veces al día, tome una pausa y evalúe si el disgusto está presente dentro de usted, y escuche su diálogo interior.

Algo para considerar

¿Lo que dice su voz interior es verdad? ¿Le dice palabras que usted le diría a alguien que quiere (como sus abuelos o un ser querido)?

Pautas

1) Diga lo primero que recuerde de lo que le culparon.

2) ¿Cuándo en su vida es un héroe y cuándo un villano?

Recursos

En la primera parte de este podcast, el anfitrión, Dacher Keltner, habla con Steven Czifra, quien ha pasado las últimas dos décadas dentro y fuera de prisión, y quien ahora es un estudiante graduado de la Universidad de California en Berkeley (UC Berkeley). Hablan y reflexionan sobre una práctica de felicidad llamada la "carta de autocompasión." En esta práctica, las personas se escriben una carta a sí mismos como si fueran alguien más, como un mentor o un amigo, y le ofrecen consejos y apoyo para las situaciones por las que han pasado o por las que estén pasando en la vida. Esto ayuda a las personas a reflexionar sobre sus acciones y experiencias desde una perspectiva diferente.

En su propia carta, Czifra escribe que "las personas no se definen por sus sentimientos o acciones" y que "deberías saber que tienes derecho a sentirte tan bien como cualquiera." Se da un respiro así mismo por las cosas que han ocurrido en su vida, como la inestabilidad de su niñez, la falta de cuidado y seguridad. Czifra reflexiona sobre su carta diciendo que desarrolló un entendimiento de que todos son humanos y experimentan tanto cosas buenas como malas.

En la segunda parte de su podcast, Keltner habla con Serena Chen, una profesora en UC Berkeley que estudia la autocompasión. Chen describe la autocompasión como "ser amable y comprensivo contigo mismo como si fueran tus amigos." También incluye reconocer que todos somos humanos y cometemos errores. Chen y su equipo estudiaron un grupo de personas al que se le proporcionó un examen extremadamente difícil, diseñado para que todos reprobaran. Luego, a la mitad de ellos se les dijo que "el examen era muy difícil y que muchas personas también reprobaron" (una frase para evocar compasión). A la otra mitad se les dijo que "aunque hayan reprobado, deben ser muy inteligentes para estar en UC Berkeley" (una frase promotora de autoestima). Luego de esto, todo el grupo tuvo la oportunidad de hacer el examen nuevamente.

Chen y su equipo descubrieron que el grupo al que se le dio el estímulo compasivo estudiaron más para el segundo examen que el grupo al que se le aumentó el ego. Concluyó que cuando las personas reciben compasión, se sienten más motivadas a ser mejores la próxima vez. Keltner también dice que otros estudios han demostrado que las personas que responden con compasión a sus propios defectos o contratiempos, en lugar de abatirse a sí mismos, experimentan mejor salud física y mental, y parecen recuperarse más rápido del estrés y los retos.

Puede encontrar más información sobre esto en *Silenciando Su Crítico Interior*. (https://c4c.link/07A)

Una perspectiva negativa puede impactar nuestras vidas de más maneras de las que pensamos. Una perspectiva negativa puede aumentar el riesgo de salud deficiente (tanto mental como física), y problemas con las relaciones y las finanzas. Como terapeuta del comportamiento cognitivo, Amy Morin ha observado las formas en que el cambio de patrones de pensamiento puede impactar en su vida. Describe algunas de las prácticas que ayudaron a las personas a cambiar su perspectiva sobre la vida. La práctica en la que se enfoca en este artículo fue creada por PracticeWise y enseña a las personas a cómo transformar los pensamientos *BLUE* (la palabra inglesa para "*AZULES*") en pensamientos verdadero.

El acrónimo en inglés *BLUE* significa:

- *Blaming myself* (Culparme a mí mismo): La auto culpa puede llevar a la depresión y otros problemas de salud mental.

- *Looking for bad news* (Buscando malas noticias): Enfocarse en las partes malas del día lo mantiene "atascado en un sitio oscuro."

- *Unhappy guessing* (Suposiciones negativas): Predecimos la catástrofe y el desaliento, aunque no sepamos lo que traerá el mañana.

- *Exaggeratedly negative* (Exageradamente negativo): El hábito de expandir la negatividad en todos los aspectos de una situación.

Morin tiene algunas sugerencias para tornar estos pensamientos AZULES en pensamientos verdaderos. Primero, ella sugiere preguntarse a sí mismo: "¿Qué le diría a un amigo si tuviera este problema?" También sugiere pensar en una acción realista y positiva que pueda tomar el momento para cambiar un pensamiento negativo. Esto puede ayudarle a diseñar cómo quiere que sea su futuro. Morin escribe que "los estudios muestran que cambiar sus pensamientos altera físicamente su cerebro a lo largo del tiempo." Si intencionalmente piensa positivamente, entonces empezará a verse a sí mismo y a sus habilidades con menos negatividad y más esperanza.

Puede encontrar más en
La Guía del Principiante para Reconocer y Cambiar los Pensamientos Negativos.
(https://c4c.link/07B)

Perspectiva y visión

LA CONSCIENCIA MENTAL

Práctica de consciencia
Ingresar en nuevos espacios

El mensaje básico de esta práctica es la "atención plena de las puertas," pero en realidad consiste en tomar consciencia de cualquier transición entre espacios, cuando se sale de un tipo de espacio y se entra a otro. Antes de cruzar una puerta, haga una pausa, aunque sea de un segundo, y respire. Observe cuando usted o los demás irrumpen en un espacio. Sea consciente de las diferencias que puede sentir en cada nuevo espacio en el que entra.

Algo para considerar

¿Cuáles son las puertas por las que le gusta pasar y cuáles no?

Pautas

1) Describa un evento en su vida que haya causado que todo cambiara.

2) Cuando entre a la próxima transición importante en su vida, ¿qué será diferente?

Recursos

Dan Harris, antiguo conductor del canal ABC, ahora promotor de la meditación, fomenta los altos beneficios de la misma. Desde bajar los niveles de la presión sanguínea, hasta disminuir los síntomas de los intestinos irritables o de la psoriasis, o incluso aumentar una respuesta inmune saludable, los estudios demuestran cada vez más que la meditación es beneficiosa. Un estudio de la Universidad de Harvard demostró que una corta "dosis" diaria de meditación de hecho *aumentó* la materia gris en el cerebro en las áreas que son conocidas por estar activas en la empatía y la compasión, y causaron que la materia gris *disminuyera* en las áreas asociadas con la respuesta al estrés. En la Universidad de Yale, los investigadores han observado qué partes del cerebro están activas cuando "no hacemos nada" (algo erróneo, porque nuestros cerebros nunca están realmente sin hacer nada).

Los nervios activos colectivamente son llamados la Red Neuronal por Defecto (RND), y en meditadores de hace mucho tiempo, su RND resulta ser más silenciosa y no solo durante las sesiones de meditación, sino cuando no están meditando activamente. Llegan a la conclusión de que esta amortiguación de la "algarabía" de la memoria y la preocupación que solemos alternar es lo que nos permite "estar en la zona," como es hablado comúnmente entre los atletas cuando están completamente presentes y sin distracciones. De hecho, es el por qué los Marines, los atletas élite, las empresas corporativas, los abogados, y los doctores buscan la meditación para ser mejores en lo que hacen. Harris predice que la meditación es la próxima revolución de la salud. Citando cómo correr fue visto en los años 40 (si salía a correr, las personas preguntaban "¿de qué?"), y cómo hoy es aceptado a nivel universal que el ejercicio es una necesidad, y que las personas que no lo hacen se sienten culpables, Harris postula que en poco tiempo lo que hay que hacer por la salud es meditar.

Obtenga más información en *Modifique La Red Neuronal Por Defecto de Su Cerebro Con La Meditación.*
(https://c4c.link/08A)

La atención plena ofrece la oportunidad de estar en descontento, ya sean rodillas adoloridas, una mente ocupada, o emociones molestas. En vez de alejarse de ello, distraernos, o consolarnos con comida y alcohol, aprendemos que podemos tolerar estar incómodos y darnos permiso para ser exactamente como somos… sin necesidad de cambios. Lo que sigue es una práctica descrita por el Dr. Mark Bertin. Bertin le propone que escuche los audios (enlazados más abajo), pero si no puede, dice que está bien que lea este texto y luego lea algunas frases, trabaje en la práctica, y continúe hasta el final. También sugiere que haga esto sentado y que asigne 15 minutos para ello:

Siéntese por unos minutos y traiga su atención a la sensación de su respiración. Su mente se mantendrá ocupada; observe que los pensamientos son pensamientos, y luego pacientemente redireccione la atención a la respiración. Ahora piense algo pequeño que no le guste mucho sobre usted mismo. Elija algo incómodo, pero no abrumador. Observe lo que surge. Puede ser un sentido de disconformidad, o una emoción, o un pensamiento de ansiedad. Ponga atención a todo ello: los hechos, sus reacciones, las emociones como la decepción o la frustración, y cualquier otra cosa que surja. Si la práctica se torna muy incómoda, cuide de usted mismo. Permítase tener un respiro, busque apoyo, y deje ir la práctica por ahora. Vuelva cuando sienta que es lo más apropiado en este momento. Reconozca lo que experimenta ahora tanto como pueda, sin la necesidad de arreglar o cambiar nada en este momento. Durante los próximos minutos, en cada inhalación sea consciente de que este es un reto para usted, y que todas las personas enfrentan retos. En cada exhalación, deséese la misma felicidad y bienestar que le desearía a su mejor amigo. Para culminar, vuelva al simple enfoque de la sensación de su respiración. Si sus ojos están cerrados, ábralos y mire alrededor, volviéndose a orientar a la habitación. Sin importar el tiempo que lleve realizando esta práctica, dese crédito y apreciación antes de seguir con el resto de su día.

Aprenda más sobre esta práctica en
Una Práctica de Atención plena para Cultivar la Sensibilización Sin Prejuicios.
(https://c4c.link/08B)

Sesgo

LA CONSCIENCIA MENTAL

Práctica de consciencia
Ver el color

Sea consciente de los colores que aparecen en su entorno. Elija un color y búsquelo en lugares inesperados. Observe los diferentes tonos.

Algo para considerar

¿Qué colores le "gustan" y cuáles "no le gustan" … y por qué?

Pautas

1) Cuente la historia de alguien en su vida cuyo comportamiento es predecible.

2) ¿Qué es algo que siempre ha hecho de una manera que no tiene sentido repetir?

Recursos

Hay muchos prejuicios que tenemos en contra de las personas que no comparten nuestra raza, etnia, género, religión o creencias políticas. Los científicos están intentando estudiar de dónde vienen estos prejuicios y cómo podemos empezar a romper estas barreras. La práctica de la atención plena (el estado de ser que involucra la consciencia aumentada de nuestras emociones, pensamientos, y entorno), puede ser una manera de reducir los prejuicios y el sesgo. Por ejemplo, un estudio encontró que una entrenamiento corta de la atención plena redujo el sesgo inconsciente contra las personas negras y los ancianos. ¿Por qué sería? Los científicos lo desglosan en tres posibles razones. Primero, la atención plena puede ayudar a las personas a ver el panorama completo. Los humanos tienen la tendencia natural a juzgar rápidamente a los demás por sus errores.

A menudo fallamos en ver los factores externos que pueden llevar a malos resultados. Un ejemplo de esto es la reacción de muchos norteamericanos blancos a las personas de color que no se fueron de Nueva Orleans durante el Huracán Katrina; asumieron que las personas eran demasiado tercas para irse en lugar de reconocer que no tenían el dinero o los medios para evacuar. Estudios recientes muestran que la atención plena nos puede ayudar a vernos como productos de nuestras circunstancias, en lugar de malas personas que hacen cosas malas.

Segundo, la conciencia nos proporciona la atención equitativa a las cosas positivas en la vida, en vez de enfocarnos en las cosas negativas. Como humanos, el "sesgo de negatividad" ha probado tener beneficios de supervivencia: si está programado para ver las amenazas rápidamente, entonces es probable que transmita sus genes. Pero en el mundo actual, tener un sesgo de negatividad fuerte, puede llevarnos a asumir constantemente que lo peor va a pasar. El sesgo de negatividad es particularmente alto en situaciones sociales en las que interactuamos con grupos que son diferentes al nuestro, en parte porque tememos al rechazo. La evidencia sugiere que la atención plena puede ayudar a disminuir el impacto del sesgo de negatividad y, por lo tanto, ayudarnos a ser más abiertos en interacciones sociales fuera de nuestro grupo. Un tercer beneficio de la atención plena desmantelando el sesgo racial es que la misma puede ser capaz de ayudarnos a tomar las posiciones de los otros (empatía) y vernos como iguales. Es naturaleza humana intentar mantener una imagen positiva de nosotros mismos en nuestra mente. Aunque en sí mismo no es un mal rasgo, es más probable que menospreciemos a los demás para sentirnos mejor con nosotros mismos. Por ejemplo, si su jefe le dice a su grupo que mejore algo, es común asumir que su jefe le está proporcionando retroalimentación a todos en el grupo excepto a usted. Esta tendencia es llamada "sesgo de auto positivismo." Algunas investigaciones recientes han mostrado que las personas que realmente practican la atención plena demostraron menos sesgo de auto positivismo que aquellos que acaban de aprender los beneficios de la atención plena.

Ya sabemos que la atención plena contribuye en gran medida a nuestro bienestar personal. Nuevas evidencias parecen sugerir que también puede mejorar nuestras relaciones con los demás, especialmente con aquellos que son muy diferentes a nosotros.

> Aprenda más sobre cómo la atención plena puede reducir los prejuicios en *Tres Maneras en las que la Atención plena Puede Hacerlo Menos Prejuicioso.*
> (https://c4c.link/09A)

A continuación, se muestran veinte sesgos cognitivos que pueden afectar negativamente nuestra toma de decisiones:

1. *Sesgo de anclaje*: tendencia a dar mucha importancia a la primera información que se escucha. Por ejemplo, en una negociación comercial, la primera persona que hace una oferta decide el rango de cantidades que se considerará razonable para el resto de la negociación.

2. *Heurística de la disponibilidad*: sobrevalorar la importancia de la información que se tiene a mano. Una persona que tuvo un ser querido que fumaba tres paquetes al día y vivió hasta los 100 años podría ser más propensa a creer que fumar no es nocivo.

3. *Efecto de arrastre*: una creencia se hace más popular en función del número de personas que la mantienen. Se trata de una forma de pensamiento grupal que se produce cuando las personas pierden su sentido de la individualidad y se amoldan a un grupo.

4. *Sesgo de punto ciego*: la tendencia a ver fácilmente los defectos en los demás mientras ignoramos su presencia en nosotros mismos.

5. *Sesgo de apoyo a la elección*: en pocas palabras: nos gustan las cosas que escogemos. De hecho, nos gustan más sólo porque las escogimos, incluso si nuestra elección tiene defectos significativos. Por ejemplo, las personas siguen amando a sus perros incluso si ellos muerden a otras personas.

6. *Ilusión de agrupación*: las personas intentan encontrar los patrones en eventos completamente aleatorios. Por ejemplo, los jugadores suelen creer que es más o menos probable que salga un rojo en una mesa de ruleta después de una cadena de rojos, cuando en realidad el color anterior no tiene nada que ver con el que viene después.

7. *Sesgo de confirmación*: cuando se busca nueva información, tendemos a preferir las cosas que confirman lo que ya sabemos. Por eso es difícil cambiar la opinión de alguien más cuando usted dice los hechos en un argumento.

8. *Sesgo de conservatismo*: la tendencia a favorecer nuestras creencias previas sobre nuevas. Esta es la razón por la cual las personas se tomaron tanto tiempo en cambiar su falsa creencia en que la tierra era plana.

9. *Sesgo de información*: las personas tienen una tendencia a buscar mucha información, a veces demasiada. En realidad, podemos hacer mejores predicciones con menos información, así que más información no siempre es mejor.

10. *El efecto avestruz*: cuando sabemos que una información peligrosa o negativa va a surgir, tendemos a hacer lo que sea para ignorarla.

Como un avestruz, enterramos nuestras cabezas en la arena. Ojos que no ven, corazón que no siente.

11. *Sesgo de resultados*: la tendencia a juzgar las decisiones basadas en el resultado percibido de esa decisión. Por ejemplo, si alguien fuera a Las Vegas a jugar y ganara mucho dinero, ellos pensarían que tomaron una gran decisión. Sin embargo, si el resultado fuera lo contrario, una pérdida financiera, la decisión sería considerada una mala.

12. *Exceso de confianza*: sobreestimar las habilidades y el conocimiento propios, lo que puede guiar a tomar grandes riesgos. Este sesgo es más común en personas que se consideran expertos en algún tema, ya que tienden a estar más seguros de que tienen razón.

13. *Efecto placebo*: cuando esperamos que algo tenga cierto efecto para nosotros, tendemos a convencernos que el mismo está ocurriendo incluso si no es así. Por ejemplo, a las personas que se les da pastillas falsas experimentan los mismos efectos que si fueran reales.

14. *Sesgo en pro de la innovación*: a los impulsores de un nuevo invento les gusta exagerar su utilidad y subestiman sus inconvenientes.

15. *Novedad*: las personas prefieren la información nueva a la antigua. Por ejemplo, cuando los inversores se fijan en las tendencias del mercado de valores, tienden a pasar por alto los patrones más antiguos y a tomar malas decisiones.

16. *Relevancia*: los seres humanos suelen concentrarse en las partes más fácilmente reconocibles de una persona o un concepto. Esto explica la incapacidad de ver la singularidad de las personas de color si ha sido criado en una comunidad que no las incluía.

17. *Percepción selectiva*: permitimos que nuestras preferencias y expectativas cambien nuestra forma de ver el mundo. Si está viendo un partido de baloncesto en el que su equipo favorito juega contra su rival, va a ver más las faltas del otro equipo que las del equipo al que anima.

18. *Estereotipos*: cuando nos acercamos a alguien que no conocemos, hacemos suposiciones sobre esa persona en base a sus características externas careciendo de información real sobre esta.

19. *Sesgo de supervivencia*: los seres humanos tienden a concentrarse en ejemplos de personas que han tenido éxito, lo que puede llevarnos a emitir juicios falsos sobre una situación. Por ejemplo, uno podría pensar que es fácil tener éxito como emprendedor porque oímos muchas historias de éxito sobre ellos. Sin embargo, olvidamos fácilmente cuántas historias de fracaso también hay.

20. *Sesgo de riesgo cero*: las personas amamos y ansiamos la certeza al 100%, aunque no sea productiva y nos frene. A menudo elegimos opciones en las que podemos garantizar un riesgo cero en lugar de una opción más favorable que sólo tiene un 1% de posibilidades de riesgo.

Todos estamos sujetos a estos prejuicios, así que una vez que aprenda a reconocerlos en sí mismo, mejorará en la toma de decisiones.

Puede aprender más sobre estos sesgos cognitivos en
20 Sesgos Cognitivos que Arruinaron sus Decisiones.
(https://c4c.link/09B)

Cambiar de opinión

LA CONSCIENCIA MENTAL

Práctica de consciencia
¡Mire hacia arriba!

Deliberadamente mire hacia arriba varias veces. Tómese algunos minutos para realmente mirar los techos de las habitaciones, o al cielo. Vea qué cosas nuevas puede notar. ¿Son cosas pequeñas que nunca ha notado, pero se revelaron cuando se concentró?

Algo para considerar

¿Qué hay de nuevo en su paisaje? ¿Qué perspectivas han cambiado en usted recientemente?

Pautas

1) Cuente algún momento en el que haya cambiado de opinión, ¿qué sucedió?

2) ¿Qué concepto erróneo tienen las personas sobre usted?

Recursos

Desaprender el odio comienza con la compasión. En su TedTalk, Christian Picciolini habla sobre las maneras en que las personas pueden irse por el camino incorrecto. Cuando era un niño, Picciolini siempre fue acosado por su nombre y se burlaban de él por ello, hasta que un extraño lo notó y no se burló de su nombre o de su legado; de hecho, le dio la bienvenida y lo aceptó como era. Picciolini dice que este hombre fue el primer líder neonazi cabeza rapada de Estados Unidos. Picciolini fue aceptado en el movimiento Nazi donde comenzó a creer las mentiras que difundían sobre los judíos, los de color, y los inmigrantes. Tan poderosa era la urgencia de encajar, que aceptó ideologías que luego se dio cuenta que no eran suyas. Continuando en este camino oscuro, se volvió violento con las personas por su color y hacía música racista que actualmente continúa influenciando a los seguidores de la supremacía blanca.

Picciolini dice que ser parte de ese grupo lleno de odio le dio un propósito, identidad y un sentido de comunidad que no tenía. Reflexiona que las personas desarrollan el odio para llenar un vacío en sí mismos y se dio cuenta que el odio por otras personas empezó con su odio propio. En lugar de sentirse inseguro, causó dolor a otros. Para Picciolini, todo comenzó a cambiar cuando se casó con una chica que no estaba en el movimiento nazi y tuvieron su primer hijo. Comenzó a cuestionar su identificación con la comunidad de la que formaba parte. Intentó alejarse lentamente del movimiento, pero aún no podía dejarlo ir por completo.

Como dueño de una tienda de discos que vendía música de poder blanco, pero también otras formas de música que atraía a diferentes personas, Picciolini se hizo amigos de personas a las que le habían enseñado a odiar. Se dio cuenta que tenía más en común con ellos de lo que pensaba y comenzó a cambiar gracias a estas personas que le enseñaron compasión cuando no la merecía. Actualmente es el fundador del proyecto Radicales Libres, donde trabaja para ayudar a las personas a desintegrarse de grupos de odio. Picciolini cree que el odio es aprendido y que el amor es "un instinto natural" que es suprimido por el odio. Además, piensa que las personas pueden ser separadas del odio que aprenden con compasión y comprensión.

Puede aprender más sobre esto en *¿Cómo Desaprender el Odio?*
(https://c4c.link/10A)

Escucharse el uno al otro requiere más esfuerzo de lo que pensamos. Para Dave Isay, un productor de radio, fue difícil escuchar a su padre cuando le dijo a Dave que era gay. Habían sido muy cercanos durante toda la vida de Isay y lo sorprendió completamente. Su padre le contó sobre los disturbios de Stonewall, donde drag queens negras y latinas lucharon con la policía en un bar de homosexuales en Manhattan en 1969, poniendo en marcha el movimiento de los derechos de los homosexuales. Isay se interesó en aprender sobre estos eventos y decidió localizar a todas las personas que pudo encontrar que habían estado en el Stonewall Inn durante los disturbios. Para Isay, documentar sus historias y conversaciones le dio la oportunidad de conectar con la experiencia de su padre y comprenderla. Aprendió que los homosexuales antes de Stonewall tenían que ocultar quiénes eran por vergüenza y dolor.

Después de este proyecto, Isay continuó haciendo más documentales sobre personas cuyas historias no se habían contado antes y a las que se les hizo sentir que no importaban. Descubrió que escuchar puede ser una forma de respeto y puede dar dignidad a las personas. Tras aprender esto por sí mismo, Isay quiso dar a más personas la oportunidad de escucharse a través de un proyecto llamado StoryCorps. En este proyecto, las personas se colocan en una cabina donde pueden hablar sobre sus propias historias y compartir cosas de las que no suelen hablar. Para Isay, estas cabinas son una forma de aprender a querer a la gente por las historias que cuentan. Para Isay, "no puedes odiar a alguien cuya historia has escuchado." Estas conversaciones pueden ayudarnos a "reconocer nuestra humanidad compartida" y mostrar que cada vida importa.

Puede obtener más información en
¿Cómo Cambiamos Cuando Escuchamos Realmente A Las Personas Que Amamos?
(https://c4c.link/10B)

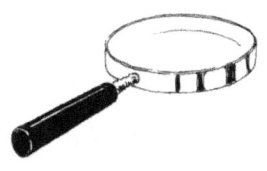

Atención/enfoque

LA CONSCIENCIA MENTAL

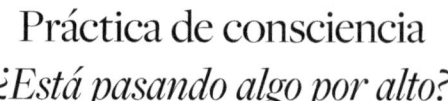

Práctica de consciencia
¿Está pasando algo por alto?

Tome una pausa varias veces al día para notar a lo que le está prestando atención en ese momento. Lo que está en frente de usted que no observa al principio. Abra sus sentidos para ver si puede identificar algo que no haya notado antes. ¿Un sonido? ¿Un olor? ¿Algo de lo que los demás están conscientes, pero usted tiende a ignorar?

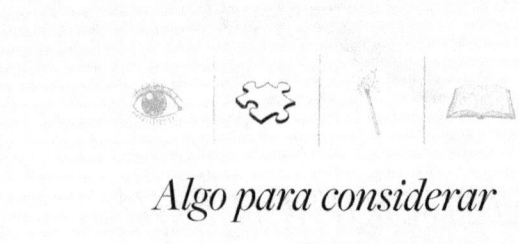

Algo para considerar

¿Qué no está viendo?

Pautas

1) ¿Qué es algo que hace en piloto automático y qué usualmente lo distrae?

2) ¿Qué le ayuda a enfocarse?

Recursos

La atención es como una linterna. Lo que iluminamos en una habitación oscura inmediatamente se vuelve visible. La atención ayuda a enfocar nuestra mente en cosas específicas alrededor de nosotros o dentro de nosotros, pero la mente divagante y el estrés interrumpen nuestro enfoque y atención. La Dra. Amishi Jha, de la Universidad de Miami, dice que nuestras mentes divagan la mitad del tiempo que estamos despiertos, ya que se mueven constantemente entre cosas que han pasado o pasarán, incluso cuando queremos prestar atención. Sin embargo, Jha indica que la mente divagante es diferente a soñar despierto, donde tenemos la oportunidad de pensar creativa y espontáneamente. La mente divagante nos impide tener el espacio mental para pensar creativamente. Jha enfatiza la importancia de tener prácticas diarias y de ayudar a nuestras mentes a tener el espacio para estos pensamientos creativos, y observa que esto también nos ayuda a tener humores más positivos. Puede ser difícil manejar nuestro propio estrés, y algo tan pequeño como tomarse un descanso puede ayudar a enfocar nuestra atención en lo que nos importa.

> Puede encontrar más información sobre esto en
> *¿Cómo Podemos Prestar Más Atención A Nuestra Atención?*
> (https://c4c.link/11A)

Daniel Goleman en su libro *El Enfoque* (Focus) plantea que la Inteligencia Emocional se compone de la autoconsciencia y la empatía, y que ambas se desarrollan fortaleciendo nuestra atención. Habla de tres diferentes tipos de enfoque: Interno, Otro, y Externo. La atención a nuestro estado Interno es una cuestión de "estar consciente que está consciente." Para llegar al punto donde puede hacer algo sobre su temperamento desmesurado, tiene que desarrollar una consciencia de lo que está pasando en su mundo interno que ocasiona ese enojo. Con respecto a la Otra consciencia, Goleman habla sobre la necesidad de desarrollar la intención de mantener el enfoque en una persona con la que quiere estar, en lugar de distraerse por cada sonido de su teléfono. El tercer tipo de consciencia, la Externa, es más elusiva. Goleman la describe como una consciencia de los sistemas, tanto micro como macro, que debemos esforzarnos en aprender porque simplemente no tenemos el aparato sensorial para experimentar directamente cosas como el calentamiento global. Pero desarrollar la consciencia y la atención a estos fenómenos Exteriores es vital para nuestro bienestar. Llega a decir que desarrollar la habilidad de enfocarse en estos dominios no es solo ser bueno en algo, es la "clave para una vida completa." en estos dominios no es solo ser bueno en algo, es la "clave para una vida completa." La buena noticia es que la habilidad atencional puede practicarse y mejorarse, y no requiere sentarse en la cima de una montaña o ir a un retiro en un monasterio.

Goleman piensa que las prácticas atencionales deberían desarrollarse en la escuela primaria, y como ejemplo habla de la escuela en Spanish Harlem donde los alumnos de segundo grado tienen sesiones diarias donde se observan y cuentan su respiración. Investigadores han descubierto que este tipo de ejercicios mejoran el "control cognitivo," que resulta ser un mejor predictor del éxito en la vida que el coeficiente intelectual o el nivel socioeconómico.

Puede encontrar más información en
¿Es La Atención El Secreto De La Inteligencia Emocional?
(https://c4c.link/11B)

Mente divagante

LA CONSCIENCIA MENTAL

Práctica de consciencia
Un lugar vacío

De vez en cuando, dirija su consciencia de los objetos al espacio alrededor de ellos. Por ejemplo, cuando se mire al espejo, observe el espacio alrededor de la imagen de su cabeza. En una habitación, en casa o afuera, observe el espacio vacío en lugar de los muebles, las personas u otros objetos visuales.

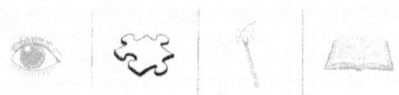

Algo para considerar

¿Cómo le afecta a usted su entorno y a los demás el de ellos?

Pautas

1) Cuente alguna vez en que su cabeza estaba en otro lado.

2) Cuente alguna vez en que usted estaba "en la zona"(Realmente Enfocado) y no distraído por lo que sucedía a su alrededor.

Recursos

¿Qué hace una mente divagante? Aunque algunos estudios apoyan el principio que "una mente saludable es una mente enfocada," otros sugieren que la mente divagante es esencial para la creatividad, mejorar el estado de ánimo, y aumentar la productividad. Probablemente, la asociación más conocida es aquella entre una mente divagante y la creatividad. Los participantes de un estudio reciente sobre este tema, a quienes se les permitió un periodo de tiempo para divagar durante una actividad, surgieron con usos más novedosos para los elementos del día a día. La relación entre la mente divagante y el estado de ánimo es menos clara. Cuando se les pidió saber el contenido de sus reflexiones mentales, las personas con frecuencia reportaron pensamientos negativos; si se involucraban en reflexiones interesantes ajenas a la tarea (divagar), sus estados de ánimo se tornaban positivos constantemente.

Investigadores han notado una distinción entre la mente divagante y la rumiación o la obsesión con pensamientos negativos; la rumiación no guiaba a mejoramientos en el desempeño, pero las personas tenían mejor desempeño en tareas sin sentido donde se les incitaban a divagar. Sus tiempos de reacción mejoraron, así como también la cantidad de tareas que completaban. Sin embargo, los autores observaron que las tareas que requerían un mayor grado de concentración (por ejemplo, la cirugía cerebral) no se beneficiaba de la divagación de la mente. Finalmente, la mente divagante se asoció con una fijación de objetivos más creativa, así como con la capacidad de renunciar a la recompensa inmediata en aras de la realización de un objetivo más importante en el futuro.

Más información en *Cómo Divagar Su Mente Puede Ser Beneficioso Para Usted* (https://c4c.link/12A)

Por naturaleza, nuestras mentes están hechas para divagar. Pregúntele a cualquiera que haya decidido iniciar una práctica de meditación, sólo para luego sentirse desalentado por su falta de habilidad para silenciar sus pensamientos. En un estudio reciente, 2000 adultos recibían mensajes durante el día para reportar qué pasaba por sus mentes en ese momento. Un enorme 47% del tiempo las personas se encontraban pensando "pensamientos divagantes" ¡no asociados con la tarea propuesta!

Sabiendo eso, hablando evolucionariamente, nuestros cuerpos no tienden a aferrarse a los rasgos que no sean de utilidad; los investigadores decidieron averiguar qué es lo que **es** útil de la mente divagante. Aunque la meta en la meditación de atención enfocada es mantener la mente en un objetivo (la respiración, o una palabra...), tanto meditadores novatos como expertos le dirán que esto no suele ocurrir. De hecho, es ese momento en el que reconoce que su mente ha divagado y vuelve a enforcarla lo que de verdad importa.

Mientras los investigadores miraban imágenes de cerebros mientras el participante meditaba, presionando un botón cuando notaban que su mente divagaba y de nuevo cuando volvían a enfocarla, observaron consistentemente unos 12 segundos de actividad silenciosa predecible en regiones específicas del cerebro. Estas áreas comienzan a estar más activas en la Red Neuronal por Defecto (RND) justo antes del primer botón, seguido por las partes atencionales del cerebro en el momento de presionar el botón, y finalmente las porciones ejecutorias (la toma de decisión), hasta el momento de reenfocarse y el segundo toque del botón. Mientras más experiencia tenga el participante con la meditación, más silenciosas son las actividades basales de la RND y hay más conectividad entre la RND y las áreas atencionales y ejecutorias.

Los investigadores también observaron que entrenar su cerebro es como ir al gimnasio. Si quiere desarrollar músculos, necesita resistencia. Un bíceps aumentará su masa mientras más peso se le requiera que alce. La mente divagante es como utilizar pesas para entrenar el cerebro: se necesita la resistencia para desarrollar el "músculo" del enfoque meditativo.

Encuentre más información en cómo entrenar a su cerebro en
Cómo Enfocar una Mente Divagante.
(https://c4c.link/12B)

La consciencia emocional

La próxima categoría es *la consciencia emocional*: ¿cómo funcionan nuestros sentimientos? ¿qué control tenemos sobre ellos? ¿Cómo reconocemos e identificamos los estados emocionales? ¿Qué podemos aprender acerca de lo que causa las emociones, cómo impactan nuestros pensamientos y acciones y cómo podemos cambiarlos?

La consciencia emocional

Regulación de las emociones

LA CONSCIENCIA EMOCIONAL

Práctica de consciencia
Las plantas de los pies

Tanto como pueda durante el día, ubique su consciencia en las plantas de sus pies. Sea consciente de las sensaciones en ellas, como la presión del suelo, sus calcetines o zapatos, el suelo debajo de ellas o la sensación cálida o fría. Intente esto cuando esté ansioso o disgustado.

Algo para considerar

¿Qué lo hace sentirse con los pies en la tierra?

Pautas

1) Cuente alguna vez en su vida en la que perdió el control, describa sus emociones como las recuerde y si hubo un momento en el que se detuvo (o pudo hacerlo) para cambiar el resultado.

2) Hable sobre algún momento en el que alguien estaba disgustado y le haya ayudado, ¿qué hizo y cómo resultó?

Recursos

Es común pensar que las emociones son estados preexistentes en nuestros cerebros que surgen cuando algo los provoca. Pero como explica Lisa Feldman Barrett, las emociones son realmente suposiciones y predicciones que nuestros cerebros hacen en el momento. "Las emociones no vienen incluidas. Se crean." Cuando experimentamos algo que no ha ocurrido antes, nos preguntamos a qué se asemeja, basándonos en nuestras experiencias para predecir lo que será esta nueva experiencia.

En lugar de asumir que todas las sonrisas significan felicidad, Barrett sugiere que hagamos que las emociones sean significativas al conectarlas a nuestras propias situaciones, las cuales pueden incluir sonreír a un recuerdo triste, o llorar porque estamos felices. Además, también sugiere que los sentimientos como la calma, la emoción, la comodidad, el agite, y la incomodidad no son nuestras emociones; sino respuestas sobre lo que ocurre en nuestros cuerpos. Nuestro cerebro predice y trata de entender estos sentimientos y así sabremos que hacer con ellos. Por ejemplo, imagine el sentimiento de su estómago revolviéndose; si el contexto es que está parado fuera de una pastelería a la que le gustaría ir porque tienen las mejores galletas de chispas de chocolate, su cerebro contextualizará lo que siente su estómago como la anticipación de un bocadillo delicioso. Sin embargo, si está sentado en el consultorio de un doctor esperando los resultados de unas pruebas y siente lo mismo en su estómago, su cerebro lo identificará como una emoción de temor, algo completamente diferente.

Barrett desea enfatizar que "las emociones que parecen suceder son creadas por usted." Al darse cuenta de esto, se nos dan la opción de considerar cualquier número de causas potenciales y respuestas a un sentimiento particular. Por ejemplo, si despierta en la mañana sintiéndose ansioso e inmediatamente empieza a temer tener que hacer sus tareas del día, Barrett sugiere que dé un paso atrás y se pregunte qué puede estar causando ese sentimiento de ansiedad. Tal vez al abordar esto su cerebro tenga una visión diferente de la ansiedad, y tal vez pueda afrontar su lista de tareas desde un estado emocional diferente al del miedo.

Descubra más sobre esto en
No Está a la Voluntad de Sus Emociones, Su Cerebro las Crea.
(https://c4c.link/13A)

La corrección emocional, a diferencia de la corrección política, es el tono y el sentimiento de cómo decimos las cosas, más que simplemente elegir las etiquetas o palabras correctas. Sally Kohn utiliza su experiencia como presentadora progresista y lesbiana en Fox News para explorar esta distinción. Debido a sus puntos de vista y su identidad, recibe mucha correspondencia de odio de personas que no están de acuerdo con ella o que ven su identidad como algo inaceptable. Cuando la gente la llama nombres malos y ofensivos, no le importan las palabras que están utilizando, sino que se preocupa por cómo las utilizan. ¿Están siendo amigables? ¿Ingenuos? ¿Hirientes?

Si queremos que la gente entienda nuestro punto de vista, tenemos que comenzar con respeto y compasión. Cualquier esperanza de conversación continua debe comenzar con la voluntad de escuchar a la otra persona, lo que sucede cuando comenzamos con la corrección emocional. Como dice Kohn: "nuestro desafío es encontrar la compasión por los demás que queremos que tengan por nosotros." La *manera* en que hablamos entre nosotros puede iniciar conversaciones que lleven a cambios positivos.

Puede encontrar más en *Intentemos ser Emocionalmente Correctos.*
(https://c4c.link/13B)

Ira

LA CONSCIENCIA EMOCIONAL

Práctica de consciencia
Note el desagrado

Sea consciente de la aversión, los sentimientos negativos que surgen hacia algo o alguien. Estos podrían ser sentimientos leves como la irritación, o sentimientos fuertes como la ira y el odio. Intente ver qué ocurrió antes de que haya surgido la aversión. ¿Qué impresiones ocurrieron en cuanto a vista, sonidos, tacto, sabor, olor? Preste atención a cuándo surge primero la aversión durante el día.

Algo para considerar

¿Cuáles son sus factores detonantes? ¿Qué le hace molestar?

Pautas

1) ¿Qué es algo que solía molestarlo que ahora no lo hace?

2) Cuente algún momento en el que enfadó a alguien.

Recursos

¿Cómo deja ir la ira que parece ser justificada? O al revés, ¿qué le costará seguir con esa ira? El músico de folk-rock, Bhi Bhiman, como invitado en un podcast reciente con Dacher Keltner, acordó intentar una "práctica de la felicidad" diseñada para ayudarnos a dejar ir la ira. Descendiente de inmigrantes de Sri Lanka, Bhiman proviene de un pueblo que no es ajeno a la ira. Decenas de miles de personas tamiles de las que proviene han muerto en la guerra civil, y Bhiman habla de amigos y familiares que son "devorados" por la ira que llevan consigo En la práctica que accedió a intentar, Bhiman abordó una ira más simple contra una persona; un colega músico que había tenido una discusión con otro amigo.

La investigadora Charlotte van Oyen-Witvliet, profesora de psicología en la Universitaria Comunitaria Hope en Michigan, describió la investigación detrás de esta práctica. Pidió a un grupo de personas que rumiaran en un momento hiriente por el que siguen sintiendo ira hacia alguien. A la mitad del grupo se le pidió entonces que reprimiera sus emociones negativas, mientras que a la otra mitad se le pidió que pensara en la persona que los enfureció con compasión. Al final, cada uno escribió sobre la experiencia y lo que habían notado, y durante todo el experimento, se obtuvieron datos sobre sus frecuencias cardíacas y contracción de los músculos faciales.

Durante la rumiación inicial, los participantes reportaron sentimientos negativos intensos, y los sensores detectaron un aumento de la frecuencia cardíaca y la tensión en los músculos debajo de los ojos (consistente con la intensidad) y en la frente (observado con emociones negativas). Aquellos que reprimieron la emoción reportaron menos percepción de las emociones negativas, y sus frecuencias cardíacas disminuyeron al igual que la tensión facial. Sin embargo, aquellos que activaron la compasión fueron más allá de simplemente una pérdida de consecuencias negativas; además de los mismos resultados observados en el grupo que reprimió las emociones, el grupo de compasión reportó emociones positivas y los músculos asociados con sonreír fueron activados.

Además, estos participantes en realidad reportaron sentir empatía por la persona con la que se habían enojado, y dificultad para mantener tantos pensamientos negativos sobre ellos. Bhiman describió el rápido cambio que esta práctica basada en la compasión provocó en él, diciendo que los sentimientos crudos, puntiagudos, agudos e intensos que tenía por este antiguo amigo parecían suavizados. Y aunque no dijo que lo perdonaba, sintió que había lugar para que se reunieran y que una confrontación sería potencialmente productiva, tal vez incluso eventualmente conduciendo al perdón.

Obtenga más información sobre esto y escuche el podcast en
Cómo Dejar Ir La Ira.
(https://c4c.link/14A)

El 21 de septiembre del 2001, en un mini supermercado en Dallas, a un inmigrante bangladesí un hombre blanco tatuado le preguntó "¿De dónde eres?." Su respuesta acentuada le costó una lluvia de perdigones. Casi muerto en el suelo, le prometió a Dios que si sobrevivía viviría el resto de su vida sirviendo a la humanidad. Sobrevivió, sólo para perder a su pareja, su trabajo, su casa, y para encontrarse con $60 mil de deuda en facturas médicas.

En una TED Talk reciente, Anand Giridharadas, hijo de inmigrantes indios, habla de su regreso a los Estados Unidos, después de seis años en la India, para encontrar un país dividido en una República de los Sueños y una República de los Miedos. Escritor, Giridharadas escuchó de este hombre bangladesí y su atacante y decidió contar su historia. Después de aún más dificultades, el inmigrante bangladesí finalmente tuvo un trabajo prestigioso en una empresa tecnológica de primera categoría, pero a pesar de sus éxitos, se dio cuenta de que entre algunas personas nacidas en Estados Unidos estas mismas oportunidades por las que había luchado tanto simplemente no eran realizables. Tal fue el caso de su atacante, que después de otros dos tiroteos a inmigrantes en el 2001 ahora estaba condenado a muerte. Criado por un padre drogadicto, enviado a escuelas inferiores, dicho por su madre que había estado a $50 de abortarlo, fue a prisión antes de llegar a la pubertad.

Pero en el corredor de la muerte encontró una nueva vida, visitado por personas cariñosas y rodeado de influencias positivas. Llegó a arrepentirse de su tatuaje de esvástica al leer sobre el Holocausto. Se enteró de que su víctima bangladesí había demandado al estado de Texas para que mantuviera su ejecución y estaba luchando por su indulto. El esfuerzo fue infructuoso y fue ejecutado por inyección letal. Pero, poco después, su hija, adicta a las drogas y condenada, recibió una llamada de este hombre bangladesí que le dijo: "Aunque has perdido a un padre, has ganado un tío," y se comprometió a ayudarla. ¿Cómo podríamos crear un país más misericordioso?

Explore esto más a fondo en *¿La Gente Llena de Odio Merece Perdón?* (https://c4c.link/14B)

Gratitud

LA CONSCIENCIA EMOCIONAL

Práctica de consciencia
La apreciación

Pause durante el día y conscientemente identifique algo que aprecie en este momento. Puede ser algo que vea o escuche, un aspecto de su vida, u otra persona que lo apoya de alguna manera. Siéntase curioso y pregúntese "¿Hay algo que pueda apreciar ahora?"

Algo para considerar

¿Qué son algunas de las cosas que aprecia que nunca ha agradecido a nadie?

Pautas

1) Cuente algún momento en el que se haya sentido agradecido, pero no dijo nada.

2) ¿Cuáles son las formas en las que expresa gratitud?

Recursos

Los científicos están estudiando cómo el ser agradecido puede mejorar su salud mental. Muchos estudios han mostrado que las personas que conscientemente practican la gratitud son menos probables que están deprimidos. Sin embargo, muchos de estos estudios son sobre personas que reportan niveles normales de felicidad y han tenido una buena salud mental en términos generales. Nuevos estudios sobre personas que sufren con la salud mental también muestran que escribir cartas de gratitud a personas en sus vidas ayuda a mejorar su salud mental, más allá que la terapia únicamente.

Investigadores de la Universidad de Indiana encontraron algunos descubrimientos que sugieren qué es lo que podría subyacer a los beneficios psicológicos de la gratitud. En primer lugar, la gratitud puede ayudarnos a desconectarnos de las emociones tóxicas. Las personas que escribieron cartas de gratitud a los demás usaron menos palabras negativas en su escritura que aquellas que escribieron cartas simplemente acerca de sus sentimientos.

En segundo lugar, la gratitud puede ayudar incluso si no la comparte. La mayoría de los participantes en el estudio ni siquiera enviaron sus cartas a los destinatarios previstos, pero aun así reportaron mejores efectos sobre la salud mental.

Un tercer hallazgo de su investigación fue que los beneficios de la gratitud no aparecen instantáneamente. Los participantes en el estudio reportaron mejor salud mental cuatro semanas después de escribir cartas de gratitud, y luego resultados aún mejores doce semanas después. La brecha en la mejora de la salud mental entre los participantes que practicaron la gratitud y participaron en sesiones de terapia y aquellos que solo participaron en sesiones de terapia también creció de cuatro semanas a doce semanas.

Finalmente, el investigador encontró que la gratitud puede tener efectos positivos duraderos en el cerebro. Tres meses después de que comenzara el estudio, los investigadores escanearon los cerebros de las personas que practicaban la gratitud y las personas que no lo hicieron mientras realizaban una tarea. Encontraron que los participantes que practicaban la gratitud mostraban más activación en la parte del cerebro donde ocurre el aprendizaje y la toma de decisiones.

Lea más acerca sobre cómo practicar la gratitud puede aumentar su bienestar mental en *Cómo La Gratitud Lo Cambia A Usted Y A Su Cerebro.* (https://c4c.link/15A)

El hermano David Steindl-Rast es un monje benedictino, un autor y un experto en gratitud. Crecer durante la Primera y Segunda Guerra Mundial y ser un adolescente bajo el gobierno de Hitler en Austria cambió la forma en que veía el mundo. Después de vivir en condiciones tan duras, se interesó por la idea de gratitud y cómo podemos practicarla incluso en los momentos más difíciles. Su filosofía es que no puede estar agradecido por todo lo que salga en su camino, pero puede estar agradecido por cada momento. En la práctica, esto significa ver cada momento como una nueva oportunidad. La muerte de un ser querido, por ejemplo, no es algo por lo que estar agradecido, pero la gratitud se puede encontrar incluso en la tragedia.

Los tres pasos de Steindl-Rast para encontrar gratitud son simples: detenerse, mirar e ir. Nosotros, como pueblo, siempre nos estamos moviendo tan rápido: corriendo, ajetreados, manteniéndonos a tiempo. El primer paso es simplemente detenerse un momento. Luego, tenemos que mirar. En cada momento hay una oportunidad de mirar a su alrededor y encontrar esa ventana. El último paso es aprovechar el momento. Una vez que encontremos una oportunidad, tenemos que ir a hacer algo con ella; la alegría vendrá después. Como señala Steindl-Rast, hay una distinción importante entre alegría y felicidad. La felicidad no es constante; la alegría puede serlo. Puede ser infeliz pero alegre; se puede encontrar la paz interior incluso en la tristeza profunda. Steindl-Rast a menudo dice que la alegría es la "felicidad que no depende de lo que sucede." La alegría también favorece la calidad sobre la cantidad. Hay muchos momentos en que nuestros "tazones" se llenan de gratitud; sentimos tanto amor y gratitud por todo lo que tenemos en nuestras vidas, grande y pequeño. Sin embargo, nuestra cultura es tan competitiva que nunca dejamos que nuestros tazones se desborden, los seguimos haciendo más y más grandes para que nunca podamos estar realmente satisfechos con lo que tenemos. Vemos a nuestros vecinos y amigos para ver lo que tienen ellos que nosotros no.

A Steindl-Rast a menudo se le pregunta cómo podemos seguir practicando la gratitud incluso cuando hay tanta tristeza y ansiedad en el mundo. Pero él ve la ansiedad como una parte natural de la vida y un comienzo en lugar de un final. Podemos reconocer nuestra ansiedad sin temerle. Cuando empezamos a ver la ansiedad como una oportunidad y luego aprovechamos esa oportunidad, podemos superar el miedo que nos paraliza.

> Para aprender más sobre cómo estar agradecido en cada momento de su vida, escuche *Cómo Estar Agradecido En Cada Momento (Pero No Por Todo)*. (https://c4c.link/15B)

Empatía

LA CONSCIENCIA EMOCIONAL

Práctica de consciencia
Estudie el sufrimiento

En su día a día, preste atención aquellos que sufren. ¿Cómo surge en usted, en los demás? ¿Dónde es más obvio? ¿Cuáles son maneras más sutiles de sufrir?

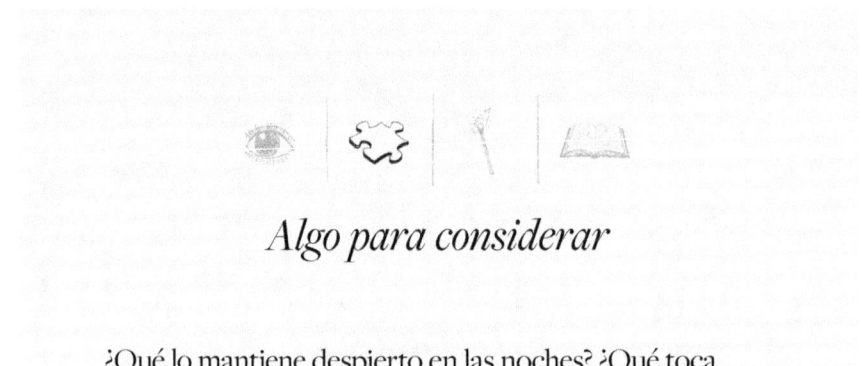

Algo para considerar

¿Qué lo mantiene despierto en las noches? ¿Qué toca su corazón?

Pautas

1) Hable sobre algún momento en el que realmente quería ser comprendido por alguien (y si lo fue o no...)

2) ¿Cuándo ha escuchado la historia de alguien y la ha sentido como la suya propia?

Recursos

Brené Brown es una autora, investigadora y profesora universitaria que se concentra en cómo experimentamos el coraje, la vulnerabilidad, la vergüenza y la empatía. Brown ayuda a establecer distinciones entre la empatía, que se relaciona con cómo tomamos la posición de otro y tratamos de ver las cosas desde su perspectiva, y la simpatía, que se trata más de sentirse mal por alguien que está sufriendo.

Brown dice que "la empatía alimenta la conexión, mientras que la simpatía impulsa la desconexión." La empatía tiene que ver con el reconocimiento y no es prejuiciosa. La empatía nos pide que estemos presentes en el sufrimiento de los demás, haciendo espacio y escuchando. La simpatía, según Brown, no nos lleva fuera de nuestra propia experiencia de sufrimiento y tiende a ser menos eficaz para ayudar a aliviar el dolor de otra persona. Si bien la empatía no intenta arreglar el sufrimiento de otra persona, a menudo es una manera efectiva de construir relaciones y ofrece cierto espacio y consideración, lo que puede ser útil mientras alguien que nos importa lidia con su dolor. Esto es a menudo justo lo que se necesita cuando alguien está experimentando dolor o sufrimiento. Se podría hacer una distinción adicional entre la empatía y la compasión, que implica empatía, así como el compromiso de servir a la situación de una manera que alivie el sufrimiento para todos los involucrados.

Obtenga más información en *El Poder De La Empatía
(Y Una Manera Segura De Saber Si La Está Omitiendo)*.
(https://c4c.link/16A)

Sharon Salzberg es una autora reconocida mundialmente y maestra de meditación, de atención plena y de la amabilidad. Ella argumenta que a menudo permitimos que la ira bloquee nuestra capacidad de sentir empatía, pero que hay prácticas que nos permiten pasar de la ira al amor. Ofrece clases y comparte prácticas de auto intervención que nos animan a reconocer primero la ira, luego a realmente considerar la situación de la que surge y qué, si es el caso, se podría hacer para ayudar a mejorar la situación (incluyendo, tal vez, alejarse de ella). También, nos alienta a usar la gratitud y a reconocer que la comprensión y la aceptación (incluso de nuestra experiencia de ira) pueden ser un acto de compasión. Salzberg sugiere que nos convirtamos en un estudiante de la aparición y disipación de la ira, así como todas las demás emociones que experimentamos. Ella sugiere que en realidad podemos "alquimizar" la ira en algún acto de amor.

Obtenga más información en *De la Ira al Amor: El Arte de la Auto intervención.* (https://c4c.link/16B)

Happiness
LA CONSCIENCIA EMOCIONAL

Práctica de consciencia
Dar el regalo de la amabilidad

Elija a una persona y ofrézcale algo que pueda ser apreciado, un saludo, revisar cómo está, un agradecimiento, o una palmada en la espalda. Trate de imaginar lo que le trae a esa persona alegría, risas y placer. Enfóquese en la experiencia de dar en persona.

Algo para considerar

¿Cómo lo ha enriquecido darle algo a alguien?

Pautas

1) Recuerde y describa algún momento en su vida en el cual realmente fue feliz.

2) ¿A quién conoce que parezca ser muy feliz, y por qué piensa que lo está?

Recursos

Todos están de acuerdo en que en la vida todos queremos felicidad. El monje budista Matthieu Ricard cree que podemos entrenar nuestras mentes en el hábito del bienestar, lo que puede conducir a una felicidad duradera. La distinción entre la felicidad y el placer es importante. El placer es fugaz y condicional; por ejemplo, un delicioso pastel de chocolate cuando tiene hambre puede provocar felicidad y placer. Pero, una vez que haya comido la mitad del pastel, llega al punto en que el pastel de chocolate es repugnante. Ocurre lo mismo con una canción que le encante, la primera vez que la escucha, es una experiencia increíble y cree que podría ser feliz si la escucha una y otra vez. Pero, si la escucha mil veces seguidas, comenzará a odiarla. Ese sentimiento de placer no dura.

La verdadera felicidad, dice Matthieu Ricard, no depende de las condiciones. En la búsqueda de la felicidad, tendemos a mirar hacia afuera, recolectando bienes materiales. Creemos que necesitamos cosas para ser felices, y si no tenemos alguna de esas cosas, nuestra felicidad se derrumba. El intento de crear condiciones perfectas para la felicidad nos condena a nunca darnos cuenta que nuestro control del mundo exterior es extremadamente limitado. En cambio, debemos mirar hacia adentro si queremos encontrar la felicidad. La clave de Ricard para nutrir la felicidad duradera comienza con el entrenamiento de nuestras mentes, y es más simple de lo que podría pensar.

Comenzamos con la luz de la conciencia sobre lo que estamos sintiendo en cada momento; ciertas emociones, como la ira, los celos o el odio, nos alejan de la felicidad. Otras emociones como el amor, o acciones como la generosidad desinteresada, nos dejan con un buen sentimiento. Sin embargo, a la larga, todas las emociones son fugaces, por lo que siempre hay una posibilidad de cambio. Con la entrenamiento en la atención plena, vemos que no estamos constantemente en un estado de ira, celos, generosidad o afecto. Paradójicamente, es el dejar ir la aversión a sentirse de una manera y aferrarse a sentir otra lo que permite una felicidad profunda y duradera. Más que magia o algún nuevo avance científico, es tan simple como conocer su mente propia.

> Para escuchar más acerca de cómo entrenar a su mente para la felicidad, escuche *Los Hábitos de la Felicidad*.
> (https://c4c.link/17A)

La felicidad es muy difícil de medir. ¿El dinero compra felicidad? ¿El amor lo hace? El Reporte Mundial de la Felicidad clasifica a todos los países del mundo cada año. En el 2019, Estados Unidos ocupó el puesto #19, detrás de Bélgica, Australia, Israel, Canadá y otros. El país más feliz del mundo, Finlandia, ¡podría ser en realidad el más feliz debido a lo poco que valoran las clasificaciones y la comparación! John Helliwell, un economista líder, dice que en Finlandia es una norma social no mostrar o hablar sobre cuánto dinero se tiene; los finlandeses no compran muchas cosas que muestran a los demás su riqueza.

El Reporte Mundial de la Felicidad utiliza seis medidas de felicidad: El PIB (Producto Interno Bruto) per cápita (la suma total de todos los bienes y servicios que un país produce en un año por persona), la esperanza de vida, cuánto confían las personas en el gobierno y en los negocios en su país, cuánto apoyo social tiene una persona, la generosidad (si una persona ha ayudado o no a alguien más en los últimos 30 días) y la libertad. Los factores que parecen ser los mejores predictores de la felicidad son el apoyo social y el PIB per cápita. Esto significa que los países donde las personas tienen grandes redes sociales y países donde las personas más ricas son más propensos a ser países más felices. Las pocas excepciones a esto son China, la India y Los Estados Unidos. Todos estos son países donde a pesar de que el PIB está aumentando, la felicidad disminuye.

Esto es probablemente debido a la Paradoja de Easterlin: la idea, probada por los economistas, que muestra que la riqueza afecta a la felicidad sólo hasta cierto punto. Las personas en los Estados Unidos, China y la India tienden a sobreestimar la felicidad que obtienen al recibir un ingreso más alto y subestimar la felicidad que pierden al pasar menos tiempo con la familia debido a pasar más tiempo trabajando y viajando. Así que mientras que tener todo el dinero en el mundo no compra felicidad, tal vez tener *suficiente* dinero puede hacer a alguien más feliz. Sin embargo, priorizar el tiempo con la familia y los amigos nos da una mejor oportunidad de ser felices a largo plazo.

Puede obtener más información sobre cómo los expertos miden la felicidad en *Cómo Medir la Felicidad*.
(https://c4c.link/17B)

Vulnerabilidad

LA CONSCIENCIA EMOCIONAL

Práctica de consciencia
Utilice su mano no dominante

Utilícela para alguna tarea ordinaria hoy. Puede ser cepillarse los dientes, peinar su cabello, o comer con su mano no dominante durante al menos una parte de la comida. Si quiere un reto mayor, trate de utilizar su mano no dominante para escribir.

Algo para considerar

¿Cuándo piensa en las personas con discapacidades? ¿Qué piensa que tienen que hacer para completar tareas simples?

Pautas

1) Recuerde y describa algún momento en su vida en el cual realmente fue feliz.

2) ¿A quién conoce que parezca ser muy feliz, y por qué piensa que lo está?

Recursos

La conexión es lo que hace que el mundo gire. En su TedTalk, Brené Brown habla sobre el poder de la vulnerabilidad. Para que podamos tener verdaderas conexiones con otras personas, necesitamos permitirnos ser vistos. Brown habla de cómo las personas que tienen dificultades para ser vulnerables tienen miedo de su dignidad, su sentido de pertenencia y aceptación. Las personas que son capaces de ser vulnerables tienen un fuerte sentido de dignidad, y debido a su valentía, experimentan compasión y conexión con los demás.

Brown describe esta valentía como la capacidad de contar la historia de quién es con todo su corazón y arriesgarse a ser imperfecto. Ella enfatiza que tenemos que practicar la compasión con nosotros mismos para poder dársela a los demás. Para hacer conexiones, necesitamos aceptar la vulnerabilidad, así como lo que nos hace auténticamente quienes somos. Brown sabe que ser vulnerable no es cómodo, y no trae garantías de conexión, pero enfatiza que la vulnerabilidad puede ser el lugar donde se crea el amor, donde encontramos pertenencia y aceptación de nosotros mismos. Brown dice que no se puede adormecer sólo la vergüenza, la culpa, la tristeza y la decepción sin adormecer también la alegría, la felicidad y la bondad. Ver a las personas en nuestras vidas, así como a nosotros mismos, como imperfectos pero dignos de amor permite que todos sean vistos, que es el lugar desde el que ocurre la conexión.

Puede encontrar más información en *El Poder De La Vulnerabilidad*. (https://c4c.link/18A)

Compartir sus debilidades con los demás es la mejor manera de desarrollar confianza. Jeff Polzer, profesor del comportamiento organizacional en Harvard, dice que la vulnerabilidad se trata de "enviar una señal clara de que tiene debilidades" y que podría necesitar algo de ayuda. Al dar este ejemplo, usted deja espacio para que las personas compartan sus propias debilidades a pesar de sus inseguridades. Polzer dice que la vulnerabilidad tiene que ser recíproca; si la persona con la que es vulnerable se niega a mostrarle sus propias debilidades o finge que no tiene ninguna, entonces no funcionará.

Daniel Coyle llama a esta voluntad de ambas partes de ser abierto sobre sus deficiencias el "bucle de vulnerabilidad," que dice es el pilar más básico de la cooperación y la confianza. Contrariamente a lo que a menudo pensamos (que primero tenemos que confiar el uno en el otro antes de que podamos ser vulnerables), la vulnerabilidad en realidad viene antes que la confianza. Coyle dice que, si saltamos a lo desconocido con otras personas, aterrizaremos el uno con el otro en un terreno sólido hecho de confianza. En el artículo, describió una prueba diseñada por la Agencia de Investigación de Proyectos Avanzados de Defensa (DARPA, por sus siglas en inglés), un grupo dentro del Departamento de Defensa de los Estados Unidos que tiene la responsabilidad de preparar al ejército estadounidense para problemas tecnológicos en el futuro.

En esta prueba, que llamaron el "Reto del Globo Rojo" la DARPA escondió diez globos en un radio de 3,1 millones de millas cuadradas y dijo que el primer grupo en encontrar los diez globos ganaría $40.000. El Laboratorio de Medios del Instituto Tecnológico de Massachusetts (MIT, por sus siglas en inglés) creó un equipo pocos días antes del lanzamiento, lo que significaba que no podían prepararse mucho. A través de un sitio web en línea les dijeron a las personas que si ayudaban a encontrar el globo, ganarían una cierta cantidad de dinero, así como cualquier otra persona a la que le contaran sobre la competencia. Debido a esta garantía, el MIT fue capaz de conseguir que muchas personas se inscribieran en la búsqueda y terminó ganando la competencia sólo unas horas después de que comenzara. Otros equipos enviaron mensajes a personas diciendo que "podrían" ganar dinero, pero no les dieron muchas garantías. El autor dice que el MIT ganó porque pidieron la vulnerabilidad de las personas y les devolvieron su propia vulnerabilidad. Otros equipos pidieron la vulnerabilidad de los participantes sin ser vulnerables ellos mismos. En general, la cooperación y la confianza se basaron en la vulnerabilidad mutua y resultaron beneficiosas para todos los involucrados.

Puede obtener más información en
Cómo mostrar vulnerabilidad ayuda a construir un mejor equipo.
(https://c4c.link/18B)

La consciencia social y energética

La categoría final es *la consciencia social y energética*: ¿cómo entendemos las interacciones y las relaciones entre nosotros y aquellos a nuestro alrededor? ¿Sobre qué estamos curiosos que es intangible? ¿Qué significa empatizar o forjar un vínculo y cómo nuestras relaciones cambian nuestras experiencias de vida, culturales, sistemáticas y comunitarias?

La consciencia social y energética

Visión

LA CONSCIENCIA SOCIAL Y ENERGÉTICA

Práctica de consciencia
Mirar atentamente sus alimentos

Cuando coma, tómese un momento para mirar sus alimentos o bebidas como si pudiera ver hacia atrás, en su historia. Utilice el poder de la imaginación para ver de dónde vino y cuántas personas se involucraron en traerla hasta usted, desde el origen de los ingredientes hasta el momento que lo come o bebe. Envíe gratitud a aquellas personas y seres vivientes antes de tomar un sorbo o un mordisco.

Algo para considerar

¿Cuánto han viajado todos los ingredientes de los alimentos que come hoy y quiénes son las personas, animales y plantas que han tenido algo que ver con su capacidad de comer hoy?

Pautas

1) ¿Qué lección aprendió de niño que se queda con usted y se manifiesta en su vida de alguna forma?

2) ¿Qué cualidades cree que sus amigos valoran en usted?

Recursos

Contar una historia desde un solo punto de vista puede dejar al oyente con una visión sesgada de la realidad. Esto es lo que Chimamanda Ngozi Adichie llama el "peligro de una sola historia." Adichie habla de crecer en una familia de clase media en el país de África Occidental de Nigeria. Su padre era profesor y su madre administradora, pero teniendo sólo libros británicos y estadounidenses creciendo, Adichie pensó que sólo los niños de pelo rubio y ojos azules aparecían en los libros y no se dio cuenta de que podía leer y escribir sobre personas que se parecían a ella.

Cuando llegó a los Estados Unidos para ir a la universidad, fue estereotipada por su compañera de cuarto, que sólo sabía una sola historia de cómo era África: animales salvajes, personas muriendo de enfermedades y hambre, y beduinos en camellos en el desierto. La compañera de cuarto nunca vio a África como un lugar similar a donde ella creció, y no veía a los africanos como ella porque no era así como se los habían mostrado.

Pero lejos de ser sólo la receptora de estereotipos, Adichie admite sus propias opiniones limitadas cuando habla de viajar a Guadalajara, México, y cómo lo que vio desafió su sesgo de que todos los mexicanos son inmigrantes. Cuando los vio ir a trabajar, riendo, en comunidad juntos se dio cuenta de que sólo había tenido una sola historia para los mexicanos antes de ese momento. Contar sólo una historia de un pueblo una y otra vez la convierte en la única historia por la que son conocidos. Adichie nos anima a superar los estereotipos y la tendencia a "hacer que una historia se convierta en la única historia" en un lugar de ver a los demás como dignos de dignidad y que pueden ser más parecidos a nosotros de lo que pensamos.

Puede encontrar más información en *El peligro de una sola historia*. (https://c4c.link/19A)

Experimentar una alta cantidad de trauma en la niñez afecta el desarrollo cerebral, el sistema inmunitario, los sistemas hormonales e incluso afecta el ADN. La Dra. Nadine Burke Harris habla sobre cómo después de abrir una clínica en Bayview-Hunters Point, uno de los vecindarios más desatendidos de San Francisco, se dio cuenta de que la mayoría de los niños a los que atendía tenían exposiciones extremadamente altas a "experiencias adversas en la infancia" (ACE, por sus siglas en inglés). Estas experiencias incluyen "abuso físico, emocional o sexual, negligencia física o emocional, enfermedad mental parental, dependencia de sustancias, encarcelamiento" y muchos otros eventos traumáticos.

A través de un estudio realizado por dos médicos en los años 90, se descubrió que las ACE eran extremadamente comunes. En el estudio, también encontraron que las personas con más ACE tenían peores resultados de salud. La exposición a estas experiencias a una edad tan temprana puede afectar áreas en nuestro cerebro que están a cargo de nuestro control de impulsos y funcionamiento ejecutivo (áreas críticas para el aprendizaje), nuestra respuesta de huir o luchar, y el centro de placer y recompensa del cerebro, por nombrar algunos. Las personas con muchas ACE son más propensas a tener comportamientos de alto riesgo, como consumir alcohol o drogas, debido a estos cambios en sus cerebros.

Sin embargo, Harris menciona que incluso si usted no tiene comportamientos de alto riesgo, es aún más propenso a tener peores resultados de salud si tiene ACE.

Ella dice que esto se debe a que el estrés repetido en los niños afecta la estructura y la función cerebral y conduce a una mala salud cuando la respuesta de huir o luchar del cuerpo se activa una y otra vez. La atención de la salud mental, la nutrición y la educación sobre los impactos de las ACE y el estrés tóxico son algunas de las maneras en que podemos abordar estos malos resultados, y enfatiza que este problema es tratable.

Puede encontrar más información en
Cómo el Trauma Infantil Afecta La Salud A Lo Largo De Toda La Vida
(https://c4c.link/19B)

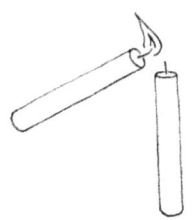

Compasión

LA CONSCIENCIA SOCIAL Y ENERGÉTICA

Práctica de consciencia
Actos secretos de la virtud

Hoy y en los próximos tres días, involúcrese en un acto secreto de virtud o amabilidad. Haga algo bueno o algo que alguien necesite, pero hágalo anónimamente. Esto puede ser muy simple, como decir una oración, desearle bien a una persona u ofrecer unas palabras de aliento.

Algo para considerar

¿Qué impacto tiene en otros cuando les da algo que no sea material (tiempo, atención, palabras...)?

Pautas

1) Cuente alguna vez que hizo lo correcto por alguien, a pesar de los retos.

2) Describa un momento en el que haya recibido o experimentado amabilidad inesperada de alguien.

Recursos

La compasión puede ser considerada como una "emoción moral," que nos hace cuidar y atender el sufrimiento de los demás y puede llevarnos a crear relaciones más cooperativas y armoniosas. Como resultado de un aluvión de imágenes mediáticas del sufrimiento de los demás, podemos experimentar una sobrecarga o fatiga que nos hace encogernos.

C. Daryl Cameron, profesor asistente de psicología social en la Universidad de Iowa, sostiene que podemos ampliar nuestro "ancho de banda de compasión" sin causarnos daño. La investigación de Cameron se centra en las causas y consecuencias de la compasión, y en cómo las emociones influyen en las decisiones morales. Él observa que, si bien las personas anticipan que sentirían más compasión por el sufrimiento de más personas, de hecho, lo contrario es cierto.

En la investigación de Cameron, las personas asocian un mayor costo (financiero, emocional) al sufrimiento de un mayor número de personas y temen que no sean capaces de hacer la diferencia y rápidamente se cansan, haciendo que su compasión hacia un grupo más grande disminuya. Argumenta que la compasión no desaparece, sino que es activamente apagada por personas que la evalúan como no práctica ni valiosa. Cameron afirma que enseñar habilidades de autocuidado y atención sostenida, además de abordar los temores del costo de la compasión, lleva a las personas a ampliar su ancho de banda de compasión. Las cualidades desarrolladas en la práctica de la atención plena, como mantener el enfoque en el momento presente y no juzgar también refuerzan la capacidad de aumentar la compasión.

En un momento en que la habilidad y el compromiso con la compasión por los demás son tan necesarios en el mundo, Cameron cree que la formación en atención plena puede ser un componente importante del aumento de la capacidad individual para atender y ayudar a aliviar el sufrimiento generalizado, así como individual.

Obtenga más información en *Cómo Aumentar Su Ancho de Banda de Compasión* (https://c4c.link/20A)

Christopher Bergland es un escritor científico y defensor de la salud pública que tiene experiencia como atleta de ultra resistencia. Bergland afirma que estudios neurocientíficos recientes demuestran la manera en que la meditación y otras prácticas de atención plena transforman nuestro cerebro y cultivan la concentración, la empatía y la visión, y cómo estas prácticas son una herramienta eficaz e importante en el mundo en este momento, para combatir la violencia, la agresión y el sufrimiento. Bergland describe la respuesta del Dalai Lama a incidentes generalizados de violencia y su énfasis en la versatilidad, flexibilidad o prácticas de meditación, prácticas basadas en el budismo, pero adaptables en todo el mundo y en todas las culturas.

Para cultivar la paz mundial, Bergland cita al Dalai Lama diciendo: "Necesitamos adoptar un enfoque más secular, en lugar de religioso, para fomentar la ética." Bergland cita investigaciones sobre el crecimiento positivo en las regiones cerebrales asociadas con la empatía como resultado de sujetos que practican la meditación compasiva. Una investigación llevada a cabo por el profesor de la Universidad de Wisconsin Richard Davidson, y otros, demuestra la plasticidad de nuestro cerebro y cómo, utilizando prácticas meditativas, podemos construir estructuras cerebrales y funcionalidades que apoyen y promuevan una mayor felicidad y compasión por los demás.

La investigación sugiere que los individuos, así como la sociedad en general podrían beneficiarse en gran medida de las prácticas meditativas. La entrenamiento en compasión tiene una serie de beneficios, incluyendo prevenir la depresión, mejorar la salud y la resiliencia, mejorar las relaciones y construir comunidad. Enseñar prácticas de atención plena a los niños tiene la promesa de disminuir el acoso, la agresión y la violencia. Davidson y otros están explorando formas efectivas de escalar estas prácticas para los niños, incluyendo el desarrollo de videojuegos influenciados por la atención plena.

Bergland también habla de estudios recientes que indican el impacto específico de diferentes tipos de entrenamiento de meditación en el desarrollo de diferentes áreas y funcionalidad del cerebro, incluyendo la manera en que experimentamos las emociones, así como nuestra regulación del estrés. Una variedad de prácticas de meditación parece resultar en cambios duraderos y beneficiosos en la función cerebral, especialmente en el área del procesamiento emocional. Pero los científicos están descubriendo variaciones en el impacto de diferentes tipos y estilos de meditación.

Mientras que la meditación de la atención plena puede enfatizar la concentración y la capacidad de asistir sin juicio a pensamientos y sentimientos, el Entrenamiento de Compasión Basado en la Cognición, o CBCT, por sus siglas en inglés, incluye un enfoque en entrenar a las personas para analizar y reinterpretar sus relaciones con los demás. Este enfoque se apoya en la idea de la interconectividad y el deseo de que todos los seres estén libres de sufrimiento y conduce a diferentes resultados. Bergland concluye que, como sociedad y nación, todos debemos unirnos para disminuir la violencia y la agresión entre nosotros y que la meditación está demostrando ser una metodología eficaz para lograrlo.

Obtenga más información en
La Entrenamiento de la Atención plena y el Cerebro Compasivo.
(https://c4c.link/20B)

Sin prejuicios

LA CONSCIENCIA SOCIAL Y ENERGÉTICA

Práctica de consciencia
Escuche como una esponja

Escoja algunos momentos hoy para escuchar y absorber todo lo que la persona diga. Deje que su mente esté en silencio y absorba todo. No formule ninguna respuesta en su mente hasta que se le pida o se necesite.

Algo para considerar

¿Qué tan rápido empieza a pensar en su respuesta cuando otros hablan? ¿Cómo se siente al ofrecer respeto sin prejuicio, cómo responden los demás cuando lo hace?

Pautas

1) Cuente una historia de algún momento en el que se sintió plenamente visto y valorado.

2) ¿Qué es algo que ha evitado ver realmente o alguien a quien se niega a escuchar?

Recursos

Elliott Dacher, Médico, escribe que no tener prejuicios es un "elixir curativo." Él sostiene que es un acto de bondad y compasión que realizamos hacia nosotros mismos y hacia los demás. Nuestras vidas están hechas de priorizaciones y decisiones y puede parecer como si estuviéramos constantemente juzgando, analizando, clasificando, y eligiendo. Dacher describe una clasificación de la experiencia en las cosas que nos gustan y las que no, lo placentero y lo desagradable.

Escribe que pasamos nuestras vidas esforzándonos y tomando la mitad de la existencia y rechazando y huyendo de la otra mitad. También indica que nuestros prejuicios son "sufrimiento disfrazado." Nos pide que imaginemos caminar a través de una arboleda y decidir qué plantas nos gustaría para nuestro jardín, no es necesario, afirma, decidir que una planta es *mejor* que otra para elegirla. Él sugiere que consideremos encontrar e interactuar con las cosas como son, no aceptar/rechazar, o estar de acuerdo/en desacuerdo... simplemente encontrar cosas y tomar decisiones que son correctas para nosotros sin juzgar lo que estamos eligiendo o no. Podemos apreciar algo sin que sea lo que elegimos.

Esta actitud nos da la oportunidad de "un aprecio y gratitud encantadores por la diversidad de la vida y las personas." Dacher sugiere que intentemos no juzgar, como un ejercicio, por un corto período de tiempo, aceptando las cosas que encontramos como son. Sugiere que intentemos esto en la naturaleza, cuando escuchamos a otra persona, cuando decimos lo que pensamos. Dacher propone que nuestra práctica de meditación es un gran lugar para trabajar sin la necesidad de juzgar, conocer pensamientos, sentimientos, imágenes mentales a medida que surgen, darse cuenta de ellos y verlos desaparecer. (Esta práctica se parece mucho a lo que se practica cuando nos sentamos en el concilio, hablando y escuchando "desde el corazón"). No juzgar es confiable, fiable y siempre disponible y tiene la capacidad de calmar una mente hiperactiva y silenciar emociones perturbadoras.

Obtenga más información en *El poder de No Juzgar*.
(https://c4c.link/21A)

Joey Fung, PhD., es Profesor Asociado de Psicología en el Seminario Teológico Fuller. Ella escribe sobre nuestro constante flujo de pensamiento y la charla del diálogo interno que manejamos, en torno a cómo respondemos y llegamos a entender las experiencias que tenemos. A menudo interpretamos justificaciones y razonamientos en torno a nuestra "exactitud" y la justificación que tenemos para sentirnos agraviados, menospreciados, perjudicados por experiencias adversas o personas antagónicas. Esto a menudo implica una autojustificación en torno a nuestra perspectiva y narrativa personal, una interpretación miope de los acontecimientos que rara vez deja espacio para la diversidad de perspectivas que podrían ser posibles en torno a una experiencia que hemos tenido.

Fung nos insta a pensar en esa brecha entre una experiencia y nuestro pensamiento sobre la experiencia. "A medida que creo distancia de mis pensamientos," escribe, "creo espacio dentro de mí misma. Me vuelvo menos reactiva y más reflexiva. Y puedo vivir más plenamente en el momento presente." Nuestros pensamientos, entonces, no son lo que somos, y podemos crear el espacio que nos permita avanzar hacia o lejos de nuestros pensamientos, alineados con nuestra base ética.

Fung da un ejemplo de un monje que tiene pensamientos lujuriosos. El monje no es una mala persona, pero puede observar el pensamiento y elegir no actuar en consecuencia, ya que no está alineado con su camino o los votos que ha elegido vivir. Él puede reconocer sus pensamientos y abstenerse de juzgarse a sí mismo, y también puede evaluar si el pensamiento es consistente con su brújula moral. No se atormenta a sí mismo ni se considera un fracaso, pero trabaja con el pensamiento y lo incorpora a su toma de decisiones, permitiendo que el pensamiento forme parte de la toma de sentido y la definición de su acción, incluso si esa acción se tomará en oposición a lo que el pensamiento presenta. Fung concluye que la atención plena nos anima a conectar con nuestro propósito, valores y significado más profundos. Y eso sólo es posible si somos honestos, atentos e incluimos todas las experiencias, sin juzgar como indignos, rechazando o descartando nada fuera de control.

Explore esto más a fondo en *El Papel de No Juzgar en la Atención plena*. (https://c4c.link/21B)

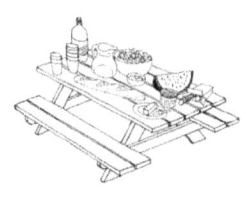

Comunidad

LA CONSCIENCIA SOCIAL Y ENERGÉTICA

Práctica de consciencia
Los cumplidos verdaderos

Piense en alguien cercano a usted, como un miembro familiar o amigo, y escribe una carta en la cual ofrece un cumplido genuino, mientras más especifico el cumplido, será mejor. también sea consciente de cualquier cumplido que otras personas le den. Investigue el propósito de dichos cumplidos y sus efectos en usted.

Algo para considerar

¿Cómo ha cambiado una situación el hablar palabras de bondad?

Pautas

1) ¿Cómo se siente estar con su gente?

2) Cuente algún momento en el que se sintió como "un pez fuera del agua."

Recursos

Sally Kohn, comentarista política y autora, siempre le han dicho que es una "buena persona." Pero en un momento dado, recordó una época en la que no era tan buena. En quinto grado, atormentó a una de sus compañeras de clase llamada Vicki; Vicki tenía problemas de higiene y Sally la llamó "Vicki Pegajosa." Al ser receptora de correspondencia de odio en su trabajo, además de recordar su propio comportamiento odioso, Kohn decidió echar un vistazo más profundo a por qué odiamos a los demás. Viajó por todo el mundo, desde Ruanda hasta el Oriente Medio y a través de los Estados Unidos, estudiando diferentes formas de odio. Desde la guerra y el genocidio hasta pensar que su grupo es mejor que otro grupo, llegó a la conclusión de que todo es el mismo odio, sólo que en diferentes niveles.

Kohn encontró durante su investigación que todo el mundo está de acuerdo en que el odio es malo y está fundamentalmente en contra. Pero al mismo tiempo, todo el mundo odia. Justificamos odiar a la gente porque creemos que nos odian. En la raíz del odio está la idea de que nosotros somos fundamentalmente buenos y que ellos son fundamentalmente malos. Sin embargo, Kohn encontró destellos de esperanza en algunas de las situaciones más extremas.

Mientras estaba en el Oriente Medio, conoció a Bassam Aramin, quien a los 16 años intentó bombardear una base militar israelí. Mientras estaba en prisión, fue obligado a ver un documental sobre el Holocausto (que anteriormente le habían dicho que era un mito). Aprender acerca de la verdad del Holocausto lo cambió; después de estar en prisión obtuvo una maestría en estudios del Holocausto y fundó una organización para que combatientes palestinos e israelíes se unieran y trataran de hacer la paz.

Los estudios demuestran que no venimos a este mundo con odio, se aprende y se inculca a la sociedad. El primer paso para desaprender el odio tiene que venir de reconocer el odio que tenemos en todas las formas. La integración también es increíblemente importante para frenar el odio: los niños preescolares que asisten a escuelas integradas tienen menos sesgos en la edad adulta. Años más tarde, Sally finalmente pudo localizar a Vicki. Escribió una carta de disculpa pidiéndole a Vicki que la perdonara. Vicki le ofreció perdón condicional: desafió a Sally a poner fin al ciclo del odio, al salir al mundo para evitar que otros actuaran como ella.

Para obtener más información, escuche a Sally Kohn en
¿Qué Es Lo Opuesto Al Odio?
(https://c4c.link/22A)

Cuando Rhonda Magee, Doctora en Derecho, se convirtió en profesora titular, el decano de su escuela de derecho le envió flores. Cuando el repartidor de flores llegó a la puerta y pidió al Profesor Magee, se sorprendió y no creía que la pequeña mujer negra vestida simplemente frente a él fuera la profesora. A pesar de que él mismo era un hombre negro, todavía tenía la creencia de que una mujer negra no podía ser profesora de derecho.

Estas creencias profundamente arraigadas se llaman "sesgos implícitos" y todos las tenemos. Cuando escuchamos palabras como "profesor," obtenemos una imagen mental de cómo debería ser esa persona. Las consecuencias del sesgo implícito pueden ser muy graves; en el sistema de justicia penal, el sesgo implícito puede llevar a la muerte de personas inocentes. Practicar la atención plena puede ayudarnos a concentrarnos, controlar nuestras emociones y pensar con claridad y actuar deliberadamente.

Los investigadores que buscan maneras de reducir el sesgo racial han encontrado que la atención plena también puede ayudar a la policía y otros servidores públicos a reducir los sesgos que conducen a infligir daño a personas inocentes. Y no requiere que uno sea un meditador de mucho tiempo: una práctica de atención plena muy breve redujo el sesgo de raza y edad en la Prueba de Actitud Implícita, una prueba que mide cuánto sesgo implícito tiene una persona.

En los últimos 40 años, la forma en que aparece el racismo ha cambiado mucho. Un nuevo tipo de racismo, que los académicos han acuñado "racismo daltónico," ha salido de un nuevo impulso para no ver el color. Al pretender que nuestras diferencias no existen, hemos permitido que el racismo continúe tanto en formas exageradas como sutiles. Magee quería estudiar cómo la atención plena podía reducir el sesgo racial, pero quería asegurarse de que la práctica no fuera daltónica. Creó algo llamado "ColorInsight" que combina la atención plena con el aprendizaje sobre la raza y el color para aumentar la conciencia de cómo nos impactan a todos y permite una mayor comprensión el uno del otro. El objetivo de la Práctica ColorInsight no es sólo reducir nuestros sesgos implícitos, sino también crear mejores relaciones entre razas en una sociedad. Este trabajo tiene mucho potencial para crear cambios no sólo a nivel de persona a persona, sino también en sistemas como la policía.

Lea más en *Cómo La Atención plena Puede Derrotar El Sesgo Racial.* (https://c4c.link/22B)

Asombro

LA CONSCIENCIA SOCIAL Y ENERGÉTICA

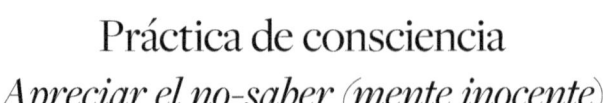

Práctica de consciencia
Apreciar el no-saber (mente inocente)

Durante esta semana, observe los pequeños momentos que lo sorprenden o lo obliguen a mirar de nuevo, para pensar nuevamente o reiniciar. Note cuando esté en piloto automático y cuando vuelve a estar en el momento presente.

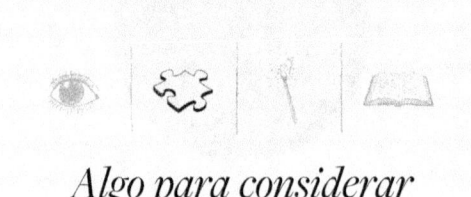

Algo para considerar

¿Puede recordar un momento que lo haya dejado atónito?

Pautas

1) Hable sobre alguien (vivo, fallecido o imaginario) que lo inspira o alguien que lo haya apoyado.

2) Cuente una historia sobre algo que fue realmente asombroso o que lo haya parado en seco.

Recursos

Dacher Keltner, un profesor de psicología que estudia la experiencia del asombro, lo describe como un estado que está más allá del marco actual de referencia. Cuando está en un estado de asombro, no puede intelectualizar lo que está sucediendo porque está más allá de su base de conocimiento actual. El asombro puede provenir de fuentes naturales, como ver una gran cascada, o puede provenir de fuentes artificiales, como la música o el arte.

Michael Pollan, autor, periodista y profesor, ha estudiado extensamente la relación entre el asombro y los psicodélicos. Él cree que el asombro y la persona están en una relación opositora entre sí. El miedo también es parte del asombro. Puede que no sea uno de los sentimientos que más asociamos con escuchar una hermosa pieza musical que nos deja sin palabras… pero incluso en esta experiencia, el miedo está presente. Cuando estamos asombrados, estamos abiertos a lo desconocido. Amenazado y expuesto, el miedo puede ser el vehículo por el cual el asombro se vuelve transformador.

El asombro profundo también puede venir a actuar al servicio de los demás o experimentar la muerte de un ser querido. Las personas en el mundo de hoy están más concentradas en sí mismos y ansiosas que nunca. Una encuesta global realizada por investigadores encontró que las personas reportaban sólo dos experiencias de asombro por semana. Alrededor del 10% de las veces esas experiencias de asombro provienen de nosotros mismos. Con todo esto, todos podríamos beneficiarnos de tener más experiencias en nuestras vidas que nos dejan en un estado de asombro.

Vea un panel discutiendo este tema en *El Poder del Asombro*.
(https://c4c.link/23A)

Pico Iyer siempre ha soñado con viajar por el mundo. Tan pronto como tenía la edad suficiente para trabajar. Trabajó en muchas tantas cosas como pudiera para ganar suficiente dinero y lograr ese objetivo, y finalmente se convirtió en un escritor de viajes. Pero cuando tenía 29 años, en medio de lo que él pensaba que era su vida soñada, se dio cuenta de que algo faltaba.

Como muchas otras personas en esta era rápida y socialmente exigente, no se estaba tomando ningún tiempo para detenerse y pensar en su vida. Terminó abandonando su vida soñada y se mudó a una sola habitación en las callejuelas de Kioto, Japón, donde no tenía auto, bicicleta, televisión o teléfono celular. Rara vez ve la hora, y se da cuenta de que el tiempo dedicado a no ir a ninguna parte es mucho más valioso que todo el tiempo dedicado a viajar por todo el mundo.

En esta época en la que el mundo que nos rodea nunca parece dejar de pedirnos que *hagamos*, Iyer sugiere que todos podríamos beneficiarnos más de *no hacer nada*. Los sociólogos descubrieron que a pesar de que en realidad estamos trabajando menos horas que hace 50 años, sentimos que estamos trabajando más. Tenemos más dispositivos que nos ahorran tiempo, pero menos tiempo. Las personas que inventaron los dispositivos que ahora dictan nuestras vidas saben lo dañinos que pueden ser.

Es por eso que la mayoría de las personas que trabajan en Google o Apple o Microsoft toman algo llamado un "sabbat de Internet"; cada semana, cierran sesión completamente desde todos los dispositivos durante 24-48 horas. Cuando se sienta completamente quieto descubre lo que más lo mueve. Puede dar sentido al pasado y al futuro y recordar a dónde quiere ir. Gran parte de nuestras vidas tienen lugar en nuestras cabezas; si queremos cambiar nuestras vidas, necesitamos cambiar de opinión. Eso comienza con estar más en contacto con nuestra mente y estar desconectado del resto del mundo.

Para escuchar más de Pico Iyer acerca de cómo se puede ir a cualquier lugar estando en un solo sitio, vea su charla sobre *El Arte De La Calma*.
(https://c4c.link/23B)

Más allá de nosotros y ellos

LA CONSCIENCIA SOCIAL Y ENERGÉTICA

Práctica de consciencia
Otredad

Esta semana observe a los "otros." Haga una lista de a quién considera "nosotros" y a quién considera "ellos," ¿Quién está en su grupo? Cuando conozca alguien nuevo, note su propia percepción de gusto/disgusto, confianza/desconfianza, atracción/aversión. Piense en lo que hace falta para que se replantee el grupo en el que asignó a alguien.

Algo para considerar

¿Hubo algún momento en el que haya tomado una decisión de apartarse de un grupo que lo retuviera?

Pautas

1) ¿Quién es alguien que pensó que era algo, pero se dio cuenta luego que era más de lo que pensaba?

2) Si no hubiera presiones ni repercusiones, ¿A quién le gustaría conocer un poco mejor?

Recursos

Educadores, activistas, prisioneros y oficiales de policía, todos ellos entrenados en la práctica del concilio dentro de sus propios grupos, se reunieron en septiembre del 2018 para un taller de todo el día. Cada persona vino con valentía, pero también con cautela y la pregunta: "¿Qué pasa cuando traemos a todos estos grupos a un solo círculo del concilio?"

Para Sofía, una activista comunitaria, el concilio era un espacio raro donde todos estaban en igualdad de condiciones, y donde la voz de cada persona era igualmente importante. Sam, que estuvo encarcelado durante 17 años, descubrió que el concilio transformó su vida; mientras él y sus compañeros reclusos se contaban sus historias, y se daba cuenta de que compartían muchas de las mismas experiencias, se sentía menos solo. Para Gena, una teniente de la Policía de Los Ángeles, el concilio era una forma terapéutica de hablar de todas las cosas que veía en el trabajo que se quedaba con ella.

Aun así, los participantes sintieron temor cuando se encontraron por primera vez. Antes de que comenzara la sesión del concilio, la tensión en la sala era palpable. Los activistas comunitarios estaban nerviosos por la presencia de la policía y la policía era consciente de que las personas estaban nerviosas. Nadie ocultó su incomodidad. Cada participante trajo un punto de vista diferente.

Sin embargo, a medida que se desarrollaba el día, y la pieza de hablar cambiaba de manos, surgió un tema común: los niños. Todos en la habitación eran padres o hijos de alguien, y todos tenían historias que compartir sobre su relación con sus padres o hijos. Pequeñas chispas de la humanidad de todos comenzaron a salir.

Ken, un oficial de policía, le contó a todos acerca de un conejito que su esposa llevó a casa que él apodó "Bun Buns." La habitación estalló de risa. Al final del día, surgieron nuevas relaciones. Sam y Gena se dieron cuenta de que provenían de orígenes muy similares, pero tomaron caminos completamente diferentes en la vida. Sam y Ken conectaron en un nivel más profundo y ahora tienen un fuerte respeto mutuo. Ken se dio cuenta de que hay muchas otras personas como Sam por ahí, pero él no había tenido la oportunidad de conocerlos todavía.

Para obtener más información, vea el breve documental sobre el encuentro en
Policías y Comunidades: Reunión.
(https://c4c.link/24A)

David Desteno, un profesor de psicología consciente de la disminución en el cuidado del bienestar de otros entre 1979 y 2009, decidió idear un estudio para observar si las personas podían volverse más compasivas y empáticas. El experimento de Desteno involucró a 39 personas, de las cuales ninguna había meditado antes. La mitad del grupo completó un curso de meditación de ocho semanas dirigido por un experto budista y la otra mitad no tuvo entrenamiento de meditación. Después de ocho semanas, todos los participantes fueron invitados de vuelta al laboratorio, individualmente, y se les dijo que estarían completando tareas que miden la atención y la memoria.

En realidad, el objetivo del estudio tuvo lugar en la sala de espera. Había tres sillas en la sala de espera, y cada participante estaba sentado junto a dos actores. Un tercer actor entró en muletas, gimiendo de dolor, y se apoyó contra una pared, ya que no había dónde sentarse. Los otros actores que estaban sentados deliberadamente ignoraron su angustia y continuaron utilizando sus teléfonos. Los investigadores querían ver si los participantes se levantaban y ofrecían su asiento a una persona con dolor.

Lo que encontraron fue increíble. Tan sólo el 16% de las personas que nunca meditaron ofrecieron su asiento. Pero de las personas que participaron en el curso de meditación, ¡el 50% cedió su asiento! Para verificar que fue la meditación en sí la que hizo la diferencia (y no la participación del experto budista), hicieron el experimento de nuevo, pero esta vez con una aplicación de meditación. Encontraron una diferencia sorprendente similar: el 37% de los meditadores cedieron su asiento en comparación con el 14% que nunca había meditado antes.

La empatía es la experiencia de sentir el dolor ajeno; cuando vemos a otras personas en apuros, podemos sentir su dolor. Para muchos, la respuesta de protección propia es alejarse de la persona que está sufriendo. Los investigadores que estudian lo que sucede en nuestro cerebro cuando meditamos están descubriendo que los meditadores experimentan la angustia del otro, pero que esta angustia ocurre con brevedad y luego cambia rápidamente a pensamientos de compasión.

Lea más acerca de cómo la meditación puede aumentar su compasión por los demás en *La Cura de la Amabilidad*.
(https://c4c.link/24B)

Nota final

> Si pudiéramos cambiarnos a nosotros mismos, las tendencias en el mundo también lo harían. Cuando una persona cambia su naturaleza, también lo hace la actitud del mundo hacia ella... No necesitamos esperar a ver lo que otros hacen.
>
> —Mahatma Gandhi

Las tradiciones contemplativas a lo largo de la historia nos han recordado que nuestro viaje hacia interior al núcleo de lo que somos debe acompañar el viaje exterior. Nuestro camino se mueve hacia afuera (hacia nuestras vidas), mientras viaja hacia adentro (hacia nuestros corazones). A medida que practicamos escuchar cada vez más profundamente lo que es ser humano, agudizamos nuestras herramientas y construimos las habilidades que necesitamos para crear una vida de paz, amor y conexión, así como la capacidad de servir y atender el sufrimiento que encontramos en nosotros mismos y en los demás. Conocer nuestras sensaciones, pensamientos y sentimientos más íntimos es un paso hacia la autocompasión. Hablar y escuchar desde el corazón, expresarnos auténticamente y escuchar atentamente a los demás, sin prejuicios, crea la base para la acción compasiva hacia los demás. Practicar y personificar la atención plena y el concilio fomenta la visión, compasión y habilidad que se necesita tan críticamente en el mundo en este momento. Como escribió recientemente uno de los participantes en la Iniciativa del Concilio Penitenciario de la Prisión Estatal de Mule Creek: "Estar 'juntos' es el corazón de nuestro viaje, ya sea con uno mismo o con los demás, construye nuestra alma a través del tiempo. Así es como encontramos la paz interior, juntos."

Espero que este libro lo haya apoyado en esta etapa de su viaje. Es posible que encuentre que vuelve a esta misma exploración una y otra vez, cada vez yendo un poco más profundo. Practicar las habilidades de escuchar y hablar desde el corazón ofrece la oportunidad de moverse en el mundo con resiliencia y fuerza, nuestra vulnerabilidad y compasión junto con la determinación y la valentía. A medida que entrenamos para abrir nuestros oídos, mentes, voluntad y corazones, fortalecemos nuestra capacidad de ver y conocer el mundo tal como es, y discernir la mejor manera de responder. A través de esta práctica, podemos transformarnos a nosotros mismos y al mundo que nos rodea. Y encontramos el valor de comprometernos y celebrar las muchas maravillas en nuestro camino..

El ser humano es una casa de huéspedes
Cada mañana un nuevo visitante.

Una alegría, una depresión,
una mezquindad, o alguna consciencia
momentánea pueden presentarse
como un visitante inesperado.

¡Deles la bienvenida y entreténgalos!
Incluso si son una multitud de penas,
que barren violentamente su casa
arrasando con sus muebles,

aún así, trate a cada huésped honorablemente.
Puede que lo esté despejando
para un nuevo placer.
El pensamiento oscuro, la vergüenza,
la malicia, encuéntrelos en la puerta riendo,
invítelos a entrar.

Agradezca a quien venga,
porque cada uno ha sido enviado
como guía del más allá.

—Jelaluddin Rumi
"La Casa de Huéspedes,"

ANEXO 1

El concilio y la ciencia del estrés

(Contribuido por la Dra. Ann Seide, entrenadora de concilio certificada y médico practicante, especializada en la medicina integral y el cuidado paliativo.)

¡Bienvenido al interior de su sistema nervioso! A lo largo de este libro, se le han presentado prácticas de atención plena y meditación, junto con la práctica del concilio. Aquí, echaremos un breve vistazo a lo que está sucediendo en su sistema nervioso en condiciones normales, así como cuando está estresado, para ayudarle a dar mejor sentido a las respuestas de su cuerpo y mente y cómo podría trabajar con ellos para tener una mejor salud.

Es posible que haya notado que cuando ha tratado de sentarse en silencio, los pensamientos parecen salir de la nada. Nuestros cerebros están ocupados incluso en reposo, creando pensamientos como nuestro páncreas secreta insulina. Recordando el pasado, o imaginando el futuro, de un lado a otro, nuestras mentes tejen historias de quiénes éramos y fantasías de lo que será. Incluso en este (supuesto) estado de relajación, podemos encontrarnos abrumados por pensamientos, e incluso emociones y sensaciones físicas (como un corazón acelerado, la boca seca, o el estómago quejándose). Estas sensaciones son el resultado de un sistema nervioso que continuamente detecta y responde a nuestro entorno (tanto interno como externo), dando lugar a respuestas que idealmente nos ayudan a vivir y prosperar.

Es importante entender que el estrés no es algo malo, ni es un problema que debemos solucionar; la ausencia de todo estrés no es una condición que debemos esforzarnos por lograr. El estrés juega un papel importante en nuestra capacidad de entender y responder a los mensajes de nuestros sentidos, el mundo en el que vivimos y los demás que conforman nuestras comunidades, familias, y lugares de trabajo. El estrés también funciona como un catalizador importante para nuestro crecimiento y estabilidad. Imagínese el salmón privado de ríos caudalosos para nadar, o palmeras altas sin vientos contra los que estabilizarse, o un sistema de gobierno sin ninguna capacidad de disidencia o el equilibrio de intereses competidores. Como discutiremos aquí, el estrés juega un papel crítico en nuestras vidas, ayudándonos a navegar por desafíos inesperados que encontramos y nutriendo las relaciones sanas y la comunidad. Sin embargo, cuando no está regulado, el estrés tiene el potencial de interrumpir nuestra salud física y nuestra capacidad de funcionar de una manera productiva.

Jon Kabat-Zinn acuñó el término "Reducción del Estrés Basado en la Atención plena" (MBSR, por sus siglas en inglés) y lanzó un fenómeno cultural en Estados Unidos que dirigió la atención a "manejar el estrés" como una práctica de bienestar. La MBSR ha introducido a muchos profesionales de la salud al estudio del estrés y ha proporcionado un lente a través del cual explorar los muchos beneficios para una fisiología más saludable accesible a través del trabajo con prácticas contemplativas como la meditación, el yoga y el concilio. También ha creado una gran cantidad de interés y energía en torno al estudio científico de las características de un sistema nervioso saludable y una comprensión biológica de los beneficios de mitigar la respuesta al estrés habitual y evitar un sistema nervioso crónicamente desregulado.

El sistema nervioso normal

Nuestro sistema nervioso se compone de dos componentes: el *voluntario* y el *involuntario*. El sistema nervioso voluntario está bajo nuestro control directo; es cómo levantamos un vaso para beber, nos levantamos y caminamos unos pasos, abrazamos a un ser querido. El sistema nervioso involuntario (o autónomo), por otro lado, opera en gran medida sin nuestra necesidad de dirigirlo conscientemente, controlando el latido de nuestro corazón, la respiración, la digestión. Aunque no necesitamos "pensar" en nuestro corazón para que lata 80 veces por minuto, hay cosas que hacemos conscientemente que influyen en nuestras respuestas autónomas.

El sistema nervioso autónomo se divide en dos ramas. En el sistema nervioso *simpático* (SNS), los nervios viajan desde el sistema nervioso central (SNC), o el cerebro y la médula espinal, hacia nuestros órganos, vasos sanguíneos, músculos y glándulas. Esta rama activa la respuesta de "lucha, huida o congelación" causando una frecuencia cardíaca rápida, respiración profunda, boca seca, dilatación de la pupila e inhibición de la digestión. En términos relativos, es una vía de conducción rápida compuesta por dos neuronas. Una vía en particular es súper rápida, desde el SNC a través de una neurona que se conecta directamente a las glándulas suprarrenales que se sitúan encima de nuestros riñones. En respuesta, estas glándulas secretarán la adrenalina y el cortisol, que a través del torrente sanguíneo causan una respuesta activada y simpática aún más pronunciada y constante.

El sistema nervioso *parasimpático* (SNP), en cambio, causa la respuesta de "descanso, digestión y discernimiento." La acción de estos nervios ralentiza la frecuencia cardíaca y la respiración, mejora la salivación y la digestión, y las pupilas contraídas. Es un sistema más lento, también compuesto por dos neuronas, una comenzando en el SNC y la otra en el órgano objetivo. Una diferencia muy importante entre el PNS y el SNS es que la información en el sistema parasimpático viaja en *ambos sentidos*. El nervio grande que se compone de haces de fibras parasimpáticas, el nervio vago, es una autopista de información, que corre de un lado a otro entre el cerebro y los órganos finales. Los impulsos de nuestro intestino, nuestro músculo cardíaco, incluso los músculos que nos mantienen erguidos, todos envían información sobre el "estado de las cosas" dentro de nuestro cuerpo de vuelta a nuestro cerebro. Y, por el contrario, nuestros pensamientos y la promulgación consciente de una respiración más profunda envían información a nuestros órganos.

Para estar sanos, necesitamos que ambos aspectos de nuestro sistema nervioso autónomo estén continuamente en flujo. Hay un nivel constante de actividad SNP, conocido como "tono parasimpático," que está presente, manteniendo los sistemas críticos funcionando bien. Sin él, los nervios intrínsecos dentro de nuestro corazón y vísceras "laten" a su propio ritmo, ligeramente más rápido. Puede pensar en ello en términos simplistas como el acelerador (SNS) y los frenos (SNP). Nuestros cuerpos necesitan que haya un juego continuo entre los dos. Ya sea un acelerador atascado o frenos bloqueados llevarán a un cuerpo enfermo que finalmente morirá. Pero una interacción equilibrada de SNS y SNP nos permite reaccionar cuando sea necesario ante algo amenazante, y luego relajarse lo suficiente como para crear relaciones, reflexionar sobre nuestro día y dormir. Estos controles y equilibrios deben trabajar juntos para regular las funciones críticas de nuestros cuerpos.

Cuando el acelerador se atasca

Nuestro mundo actual tiende a ser constantemente estimulante. En lugar de fluctuaciones apropiadas entre los tiempos de amenaza y los tiempos de descanso, tendemos a vivir en condiciones que favorecen la caída de nuestro sistema simpático y la disminución, incluso la anulación, de nuestro tono parasimpático. Un aspecto de un sistema equilibrado y un cuerpo sano (con esta fluctuación funcionando bien) es que el cortisol se secreta de manera diurna, lo que significa que hay dos picos en un período de 24 horas. El primero ocurre alrededor de las 8 A.M. y es el pico más grande, el segundo ocurre alrededor de las 4 P.M. y es más pequeño en amplitud. El cortisol tiene muchas acciones en el cuerpo, impactando el azúcar en la sangre, respuesta inmune, ritmos hormonales circadianos. En este pico dos veces al día, los sistemas de nuestro cuerpo están en equilibrio. Pero si sentimos una amenaza continua y constante, y un continuo tono simpático aumentado, la producción y secreción de cortisol siempre están encendidas y pierden sus fluctuaciones diurnas. Lo que esto significa, a largo plazo, es que dañamos la auto modulación de nuestro cuerpo, y hay una activación constante de la "cascada inflamatoria," que ahora sabemos lleva a enfermedades cardíacas, diabetes, demencia y enfermedades autoinmunes. También contribuye a la pérdida de variabilidad de la frecuencia cardíaca, lo que aumenta el riesgo de accidente cerebrovascular, cáncer, incluso de morir por cualquier causa (¡como ser golpeado por un autobús!).

La información tanto de nuestro cuerpo como de nuestro entorno puede aumentar esta respuesta al estrés, empeorando las cosas. Estos mensajes internos pueden ser "descendientes" (incluyendo la televisión no regulada o el tiempo frente a pantallas, la preocupación constante y ansiedad, la pérdida de ciclos de día/noche que va con el trabajo por turnos), o pueden ser "ascendentes" (inactividad, comer alimentos inflamatorios como alimentos altamente procesados, gaseosas azucaradas, granos refinados). Este tipo de estrés crea un estado constante de sobremarcha simpática, lo que conduce a consecuencias muy negativas con el tiempo.

Lo que ocurre en su cerebro

En lo profundo de nuestros cerebros a ambos lados se encuentra una pequeña porción de materia gris en forma de almendra llamada amígdala. Su trabajo es escanear el entorno (el externo a través de nuestros sentidos, y el interno a través de mensajes del nervio vago y el torrente sanguíneo). La amígdala provoca la activación del SNS cuando se percibe una amenaza. La amígdala recibe entradas neuronales de nuestra corteza frontal, nuestro almacén de memoria y nuestras cortezas sensoriales, que en realidad le dicen a la amígdala a qué prestar atención y qué ignorar.

Los neurobiólogos se refieren al mundo que somos capaces de percibir como nuestro "mapa de relevancia." Ser humano, con ojos que pueden percibir profundidad y cuerpos que se mantienen erguidos, lleva a algunas conexiones neuronales muy específicas que determinan cosas que podemos "ver," y que deja fuera información sensorial que no podemos "ver" (piense en los delfines y en los murciélagos que se utilizan la ecolocalización a medida que navegan por el entorno, y por lo tanto tienen un mapa perceptivo muy diferente del mundo). Nuestros mapas de relevancia son únicos para cada persona, y evolucionan dependiendo del entorno en el que cada uno crezca, con las experiencias y estímulos particulares que nos rodean. Por ejemplo, el reconocimiento facial es una habilidad muy importante para que los bebés aprendan, y la exposición temprana de un niño sólo a personas del mismo color de piel puede llevar a dificultades como adulto percibiendo matices de características faciales en las de un color de piel diferente. Esta programación se produce como resultado de nuestra anatomía y de las condiciones en las que somos criados. Algunas de nuestras limitaciones de percepción se "moldean" a la forma en que nuestro sistema nervioso está hecho (por ejemplo, no podemos decidir "vernos" entre sí con ondas de ultrasonido), y otras limitaciones pueden ser superadas con exposición y práctica intencionales (como ver las variaciones de la imagen de "Mi Esposa y Mi Suegra," al final de la parte 1 de este libro). Abrirnos a diversas experiencias y perspectivas es una manera de comenzar a expandir nuestro mapa de relevancia.

Arqueado sobre la amígdala a cada lado del cerebro es otra estructura llamada hipocampo. Su trabajo es procesar y superponer la memoria a experiencias perceptivas, acoplando a las percepciones sensoriales de la amígdala una historia, con matices de emociones y sentimientos, y luego almacenarlas para que, en el futuro, cuando se presente una amenaza similar, se activen estas mismas historias y emociones. Digamos, por ejemplo, que cuando era niño vio una serpiente en el suelo. La amígdala sonó la alarma, haciendo que su frecuencia cardíaca saltara, que sus piernas escaparan y que gritara pidiendo ayuda. Tal vez estaba tan asustado que incluso se orinó los pantalones. Su hipocampo estaba ocupado almacenando todo tipo de detalles adicionales y creando una historia... de lo asustado que estaba, de la ira de su madre por arruinarse los pantalones, de vergüenza, tal vez incluso de detalles sensoriales que más tarde tendrían sentido, pero tal vez no eran cosas que realmente "vio" en el momento. Luego, años más tarde, ya adulto, tal vez pensó que había visto una serpiente, y en la fracción de segundo que transcurrió antes de darse cuenta de que era sólo una manguera de jardín, la cascada de estimulación simpática ya estaba en marcha, y la historia establecida por su hipocampo resurgió, con todo el terror, la vergüenza, y los detalles sensoriales que almacenaba de años anteriores. A pesar de que en realidad no estaba siendo atacado por una serpiente, su cuerpo actúa como si lo fuera, ¡tal vez incluso de manera más fuerte que durante el incidente real cuando era niño!

Nuestro mapa de relevancia es creado por muchos de esos recuerdos que hemos creado a lo largo de la experiencia de nuestra vida y que continúan impactando el comportamiento a lo largo de ella. Muchos de estos son complejos y a veces difíciles de involucrar o trabajar, si implican tristeza, miedo, vergüenza, trauma. La "rueda de hámster" de la memoria, una vez haya iniciado, puede ser bastante difícil de bajarse. La anatomía de nuestro cerebro está creando una respuesta basada en la forma en que se construyen. Las prácticas de atención como la meditación y el concilio, sin embargo, pueden alentarnos a dar un pequeño paso atrás, para ver que hay una "brecha" entre un estímulo y nuestras reacciones. Esta brecha puede darnos suficiente espacio para ver la diferencia entre nuestra experiencia y nuestra *historia* de nuestra experiencia, y en ese espacio podemos elegir una respuesta diferente, más apropiada basada en cómo queremos navegar por las circunstancias, en lugar de una reacción habitual y reflexiva que puede estar marcada por mensajes viejos y ahora inexactos almacenados en nuestros cerebros.

Además de los beneficios de la atención y la atención plena en la modulación de nuestra respuesta al estrés, hay otras cosas que podemos hacer intencionalmente "descendentemente," así como "ascendentemente" que nos ayudan a recuperar la ciclicidad de un sistema nervioso autónomo saludable. Las influencias positivas ascendentes incluyen: mejor nutrición (aumento de carbohidratos complejos, limitación de azúcares, favorecimiento de verduras y frutas frescas sobre alimentos procesados), ejercicio (particularmente, prácticas que afectan el tronco como el yoga y el tai chi), y respiración lenta y profunda. Otras influencias positivas descendientes, además de la atención y la atención plena, incluyen practicar conscientemente la gratitud y la bondad amorosa hacia uno mismo, así como hacia los demás.

De hecho, la gratitud y la bondad amorosa se han encontrado en estudios del cerebro (electroencefalogramas y resonancias magnéticas) como las prácticas que más rápidamente causan cambios positivos en el funcionamiento de nuestro cerebro, así como que en realidad lleva a un mayor tamaño de porciones del cerebro que se activan durante tiempos de empatía hacia los demás. En realidad, podemos construir un "músculo" de la bondad a través del uso de nuestros cerebros de ciertas maneras, similar a cómo uno podría agrandar el bíceps haciendo flexiones en el gimnasio. Y, en términos del trabajo de nuestro cerebro, no parece haber distinción entre ser amable consigo mismo o hacia los demás; practicar la bondad y la gratitud hacia uno mismo conduce a los mismos resultados positivos que actuar amablemente hacia los demás (y viceversa).

Por lo tanto, cuando usted está sentado en un grupo de concilio, su capacidad para tomar conciencia de las respuestas físicas de su propio cuerpo a su entorno, lo que a menudo se conoce en el concilio como "leer el entorno," le da información sobre lo que está sucediendo dentro de sí mismo, en los participantes en el círculo y en los alrededores. Lo que luego hace para dar un paso atrás, para cultivar una brecha y practicar la modulación de su propia respuesta autónoma tiene un impacto en sí mismo y en los demás del círculo. Además de los beneficios mencionados anteriormente para aprender una mejor autorregulación de su sistema nervioso autónomo, esta comprensión y práctica intencional pueden aumentar en gran medida sus habilidades como facilitador del concilio, cuidando y a veces guiando el flujo del concilio en un grupo.

Considere las veces que ha estado con alguien que parecía capaz de mantener la calma en medio de la agitación, o las veces que ha estado cerca de alguien que estaba agitado más allá de la explicación, y cómo hizo sentir a su cuerpo. Con prácticas como las descritas en este libro, y desarrolladas en la práctica del concilio y la meditación, puede comenzar a ver cómo la modulación de sus propias reacciones tiene un impacto en los demás. Teniendo en cuenta nuestra propia autorregulación y respuesta equilibrada al estrés, nos permite participar más plena y eficazmente en el proceso grupal del concilio como participante, testigo o facilitador.

ANEXO 2

El concilio en las escuelas

(Contribuido por Julia Mason Wasson, entrenadora de concilio certificada, escritora de educación y cultura y maestra de tercer grado Certificada por la Junta Nacional.)

¿Por qué practicar el concilio en las escuelas?

La práctica del concilio en las aulas y las comunidades escolares puede ayudar a los estudiantes, así como a los educadores, a establecer conexiones. En el concilio, nos concentramos en las palabras e historias de compañeros y desarrollamos empatía. El concilio ayuda a los niños a apreciar los diversos antecedentes, experiencias y opiniones de sus compañeros de clase. Estar "en concilio" ayuda a los estudiantes a desarrollar habilidades de atención, concentración y escucha para expresarse plena y apropiadamente y suspender las ideas preconcebidas.

Practiqué en mi aula de tercer y cuarto grado durante más de una década, y como entrenadora del concilio, trabajé con cientos de maestros y administradores para implementar la práctica en sus escuelas. Sus experiencias han contribuido mucho a nuestra comprensión de metodologías efectivas y mejores prácticas para implementar programas del concilio en las escuelas.

Muchos niños hablan del concilio como una de las cosas más importantes que sucede en la escuela. Un estudiante de cuarto grado de la Primaria Wonderland

Avenue, en Los Ángeles, dijo: "El concilio es un momento en el que puedo hablar de mis sentimientos para que las personas, mis amigos, y todos puedan entender. Puedo confiar en esta gente, así que puedo compartir mis sentimientos con ellos libremente. El concilio me ayuda a enfrentar mis miedos y timidez. Me siento muy bienvenido durante cualquier concilio."

Un estudiante de escuela secundaria alternativa que espera el nacimiento de su primer hijo reflexiona sobre sus tres años de concilio: "Escuchar a mis compañeros me ayuda a aclarar las dudas que tengo sobre la vida. Ahora que tengo un bebé que está casi listo para nacer, he aprendido a escuchar, hablar y pensar de una manera completamente nueva. He aprendido a escuchar educadamente y hablar con madurez sin maldecir y alzar la voz. A través de la experiencia del concilio he reunido un montón de consejos y conocimientos, que creo que me ayudarán más adelante en la vida. Si aprendes a escuchar, hablar y pensar desde el corazón, serás una persona pacífica, sabia y mejor."

Natalie Plachte White, profesora de inglés de secundaria, entrenadora del concilio y Terapeuta Matrimonial Familiar (MFT, por sus siglas en inglés), reflexiona: "Los niños o adultos jóvenes se dan cuenta de que llevan dentro de ellos cientos, miles de historias que les pertenecen, que los hacen humanos. Si quiere construir una cultura de narración y empatía, comience con temas que construyen comunidad: lo que más le gusta del otoño, un momento de alegría en la escuela, las familias. Estas historias crean ganas de saber más. Los estudiantes aprenden que sus vidas producen historias, la misma comprensión que esperamos lograr a través de la escritura de los estudiantes. Hay que reconocer que las historias de sus propias experiencias tienen valor es uno de los grandes frutos de la práctica del concilio."

Un administrador, reflexionando sobre cómo el concilio puede ayudar a los estudiantes a construir relaciones afectivas, señala: "Durante los Concilios, los niños pueden escuchar historias desde la perspectiva del acosador, el transeúnte, el objetivo. Nuestro trabajo como educadores es crear un ambiente que ayude a los niños a escuchar directamente sobre la experiencia de los compañeros de clase, a reconocer el dolor que se causa y a crear el impulso para el desarrollo cerebral que produce empatía."

El concilio también proporciona a los estudiantes experiencias que subyacen a la alfabetización básica. Los estudiantes aprenden que su experiencia importa, que tienen historias que contar. Aprenden que sus compañeros y sus maestros tienen diversas experiencias de vida de las que todos podemos aprender. Cuando los alumnos ven que tienen una voz, que tienen algo valioso que decir, encuentran caminos para expresarse por escrito. Cuando los alumnos escuchen desde el corazón las historias de los demás y encuentren que están conmovidos e informados, serán más propensos a transferir el escuchar profundamente a su lectura, y así comprenderán más plenamente el significado en el texto.

Un concilio a menudo atractivo puede acompañar la exploración de un libro de imágenes, incluso con los estudiantes mayores, pidiéndoles que compartan qué parte se queda con ellos, por qué eligieron esa parte y qué conexiones ven con sus propias vidas. Algunos libros que muchos profesores han utilizado incluyen el clásico *Playa de Alquitrán* de Faith Ringgold (después de leer, pregunte: "¿Dónde está su propia playa de alquitrán?"), *El Día que Empiezas* de Jacqueline Woodson, *La Vida No Me Asusta* de Maya Angelou y *Estamos Agradecidos*: *Otsaliheliga* de Traci Sorell. Compartir estas historias de la vida cotidiana puede ayudar a los estudiantes a entender que una historia no necesita involucrar a superhéroes o aventuras de gran tamaño para ser atractiva.

La naturaleza de una sesión del concilio puede variar según las edades de los estudiantes, el carácter del grupo o cualquier problema que pueda haber surgido en el patio de la escuela, en las noticias o en cualquier otro lugar. Un concilio de segundo grado comenzó con todos compartiendo una historia sobre un momento en el que se divirtieron. En otro día, los estudiantes dieron un paseo silencioso por el campus y luego contaron las variadas historias de sus viajes. Los estudiantes de cuarto grado podrían compartir historias sobre su lugar favorito en casa con el fin de desarrollar ideas que luego desarrollarán como un libro de memorias. Los estudiantes de la escuela intermedia compartieron historias sobre cómo les afecta el uso de las redes sociales. Los estudiantes de secundaria hablaron sobre sus experiencias siendo indocumentadas, especialmente cuando planeaban sus vidas después de graduarse. Los estudiantes de liderazgo hablaron sobre un líder que admiraban y por qué. En un concilio dedicado a explorar un conflicto, una estudiante de tercer grado compartió una historia sobre un momento en el que había sido cruel con otra chica, y lo mal que se siente al pensar en ello. Y siempre nos complace ver a los estudiantes iniciar sus propios Concilios en los pasillos o en el patio de recreo para resolver problemas. Los estudiantes de la Primaria Wonderland Avenue saben cómo explorar los conflictos compartiendo: *Esto es lo que sucedió. Esto es lo que quería que pasara. Así es como podría mejorar las cosas.*

Las actividades del concilio pueden vincularse directamente al plan de estudios en las disciplinas académicas. Los Concilios se pueden utilizar para explorar temas de literatura, conexiones personales con eventos históricos en estudios sociales, experiencias en observaciones científicas, reflexiones sobre actividades físicas y habilidades de estudio como la gestión del tiempo, la priorización y el establecimiento de intenciones. El concilio también puede utilizarse para actividades previas a la lectura y a la escritura, así como para revisar la información y comprobar la comprensión. Los Concilios pueden involucrar juegos, arte, canto, cualquier cosa que implique desarrollar la conciencia de los estudiantes dentro de una dinámica de grupo.

Participar en el concilio tiene los mismos beneficios para los adultos en una comunidad escolar, en reuniones de personal, comités, reuniones de padres y maestros o en la comunidad en general. Los maestros de mi antigua escuela encontraron que el uso del concilio les ayudó a modelar los comportamientos de los adultos que queríamos alentar en los estudiantes. Compartir historias entre el personal sobre su práctica, sobre desafíos y éxitos, transformó la energía en el campus. Mientras nos preparábamos para abrir la escuela para el año escolar, hablamos de "un momento en el que supe que quería ser maestro," "un momento de alegría en el aula" o "un estudiante que se mantiene en mi mente." Los maestros se volvieron más responsables de hablar y escuchar durante los desacuerdos. Escuchamos a todos, no sólo a las personas que tienden a ser las más vocales. Este sentimiento permeó incluso las interacciones casuales; un maestro nuevo dijo: "Puedo entrar en cualquiera aula y pedir algo, y obtener lo que necesito."

Si es posible, encuentre a otros educadores con los que pueda compartir un gran concilio que haya dirigido o en el que haya participado, o un momento en el que el concilio haya añadido algo a su clase. Podría compartir preguntas sobre un momento en que algo sucedió en el concilio que no supo cómo manejar, o cómo manejar cuestiones de disciplina, confidencialidad, vulnerabilidad, y la incorporación de diversos puntos de vista: *¿Podemos escuchar sin modificar? ¿Podemos ayudar a los alumnos a construir conexiones significativas entre sí? ¿Cómo desarrollamos nosotros como facilitadores sensibilidades interpersonales que nos permitan guiar nuestra clase?*

Libere sus propias expectativas de que el concilio irá "profundo" o de cualquier manera en particular. Permanezca en el momento con sus estudiantes. Si practica regularmente, los estudiantes tendrán un contenedor seguro listo cuando lo necesiten.

Una nota sobre la confidencialidad

A menudo, los niños le enseñan la práctica del concilio a sus padres para que también puedan usar esta herramienta en casa. Sin embargo, las experiencias personales compartidas por los miembros de la clase son privadas. Escuchar con respeto honra esa privacidad, al igual que no repetir las historias de los demás fuera del círculo del concilio. Le decimos a los estudiantes que está bien decirle a las personas fuera del concilio cuál era el tema y lo que se tenía que compartir, pero que no está bien contar la historia de otra persona. Podría utilizar la metáfora de colocar las plumas de nuevo en una almohada, o la pasta de dientes en un tubo, para hablar de lo que sucede cuando nuestros acuerdos sobre la privacidad se rompen. Los estudiantes pueden violar los acuerdos de confidencialidad; ayudar a los estudiantes a autocontrolar lo que comparten, y ser explícitos acerca de cómo se hace más fuerte el círculo de confianza cada vez que se honra la confidencialidad. Pero cuando se viola la confianza, se necesita tiempo para reconstruirla.

Recuerde, tiene la responsabilidad de mantener el círculo seguro para todos. Puede preguntarle a un estudiante: "¿Estás seguro de que esto es algo con lo que te sientes cómodo compartiendo?" o sugerir: "Me gustaría continuar esta conversación contigo fuera del círculo." Tenga en cuenta sus responsabilidades, como adulto, de mantener los límites seguros, y de su papel como reportero obligatorio. De vez en cuando sucede que escuchará o se enterará de algo que necesita abordar. Con los estudiantes mayores, sea sincero acerca de su papel en mantener a los estudiantes seguros. Es posible que deba remitir a los estudiantes para obtener otros servicios. Sepa quién está disponible en su sitio para apoyar a sus estudiantes y familiares.

Sugerencias para comenzar

Como se ha señalado, comenzar con la introducción de una práctica del concilio para el personal adulto ayuda a entender e integrar el concilio y a navegar por los límites personales y profesionales. El concilio puede ser un gran recurso en la profundización de la cultura escolar positiva, pero es importante que sea introducido y materializado por al menos cierto personal en el lugar antes de que se ofrezca a los estudiantes. Un taller de entrenamiento del concilio puede ser una experiencia de vinculación para el personal del lugar y una práctica en la que se puede participar en reuniones de profesores, equipo o padres, cuando sea apropiado, mientras que un subconjunto de personal que ha experimentado un taller del concilio puede optar por profundizar sus habilidades de facilitación para ofrecer concilio a los estudiantes en la clase o entornos extracurriculares. Cuando se ofrece el concilio a los estudiantes en la escuela, es importante que los maestros y facilitadores tengan acceso a un concilio de solo adultos como un recurso para el apoyo, para informar y para crecer, por no hablar de los beneficios antes mencionados para la cultura escolar de un concilio continuo para el personal.

Al presentar el concilio en el salón de clases, trate de tener un tiempo regular cada semana que los estudiantes puedan anticipar. Averigüe cómo formar un círculo en su aula. Los estudiantes más jóvenes podrían hacer un círculo en una alfombra; los estudiantes mayores pueden ayudar a reorganizar las mesas y sillas. Tal vez pueda formar un círculo de sillas alrededor de los escritorios, y los estudiantes dentro del mismo puedan traer sus sillas.

Invite a los alumnos a llevar piezas de conversación, objetos que estén dispuestos a dejar que otros sostengan y que estarán a salvo en la escuela. O pueden llevar decoraciones para el centro. Presente el concilio lentamente. Sus primeros Concilios podrían ser una oportunidad para que todos hagan una dedicación, compartan su mejor momento del día hasta entonces o una actividad favorita en el patio de recreo. Puede que escuche algo de lo que compartan que se transforme en una pauta. Podría decir: "Parece que algunas personas están pensando en..." o "Me conecté escuchando a alguien dedicar el concilio a..."

Para fomentar la participación, trate de comenzar con pautas poco exigentes o rondas de velocidad, colores favoritos o animales, o incluso figuras deportivas. También puede comenzar con juegos, una lectura en voz alta, una canción u otra actividad. No sienta que debe explicar o presentar todos los elementos a la vez, puede hacerlo lentamente. Incluya algunos momentos para que los alumnos reflexionen juntos sobre la experiencia y establezcan intenciones para la próxima vez.

Apoyo a la práctica

Si los estudiantes no son capaces de escuchar respetuosamente a sus compañeros, es mejor no dejar que el concilio continúe. Recuerde compartir historias cortas, auténticas y propias; a sus estudiantes les encantará aprender más sobre usted, pero mantenga el enfoque en los estudiantes.

Puede tomar muchos Concilios para que los estudiantes se acostumbren a estar en un círculo y a superar la timidez. Vaya despacio y construya buenas normas. Invite a los alumnos a reflexionar acerca de cómo fue el círculo para ellos, y si pudiesen intentar algo la próxima vez para ayudarlos a concentrarse o para hacer que el círculo sea más efectivo.

La facultad de la Escuela Secundaria Subvencionada Para Los Niños, en Los Ángeles, encontró las siguientes directrices para el concilio en su escuela, para apoyar a los estudiantes renuentes a participar:

> Permita que los alumnos pasen su turno, pero mantenga las pautas tan

atractivas que la mayoría de los estudiantes quieran compartir.

Si ve que los alumnos están pasando mucho su turno, comparta la pauta con anticipación. Tal vez pueda encontrar un poema, una historia, o un artículo de noticias que se relaciona con el tema.

Invite a los alumnos con anticipación a hacer las dedicatorias, para que no se sientan presionados.

Antes de ir al concilio con todo el grupo, dé a los estudiantes la oportunidad de prepararse para contar su historia. Utilice un juego, compartir en pareja, rondas de velocidad o una oportunidad para escribir o dibujar en respuesta al mensaje ANTES de compartirlo con todo el grupo. Unos momentos de silencio en los que los alumnos puedan hacer un boceto rápido en respuesta a la pauta y, luego, compartir su dibujo, puede ayudar a alentar a los alumnos más tímidos.

Proporcione contexto. Explique por qué eligió esa pauta. Comparta su propia respuesta. Invite a algunos voluntarios a compartir ideas, al estilo de aportes, antes de rotar la pieza de hablar alrededor del círculo.

Mantenga pizarras a mano para escribir la pauta y usarlas como un apoyo visual y/o para que los alumnos las usen para anotar las respuestas para apoyar lo que dicen.

Recuerde a los estudiantes que sostengan la pieza de hablar antes de pasar su turno. También, recordarles de tratar de mantener la pieza de hablar cerca de sus corazones. Aliente al círculo a hacer espacio para esos estudiantes.

Utilice una ronda de rápida para empezar, por ejemplo, un dulce favorito de San Valentín antes de una ronda más profunda sobre ese día festivo.

Sugiera y acepte formas alternativas de compartir que no sean verbales.

Utilice las revisiones como una oportunidad para que los estudiantes compartan cómo están. Hágalo primero para que sirva de modelo.

Si un estudiante ha pasado su turno durante tres Concilios, hable con ellos en privado y ofrezca algún tipo de recompensa por participar verbalmente. (Recuerde, pasar el turno puede ser una manera de participar).

Utilice citas de hip-hop y música con la que los estudiantes puedan relacionarse.

Proporcione oportunidades adicionales para hablar. Deje que la pieza de hablar pase por el círculo varias veces.

Entrene a los estudiantes a construir sobre las historias e ideas de los demás. Ofrezca ejemplos como, "Estoy de acuerdo con ..." "Como alguien dijo..." "Eso me recuerda..."

En los casos en que el comportamiento de los estudiantes sea una distracción, los facilitadores de la escuela Para Los Niños desarrollaron directrices para apoyar a los estudiantes para que escuchen mejor:

Asigne asientos. Alterne a niños y niñas si es necesario. Si observa que se necesita demasiado tiempo para mover los muebles y formar un círculo, intente pasar la pieza de hablar desde donde están los estudiantes en sus asientos.

Incluya un momento de atención plena o un juego antes de la apertura, para ayudar a los estudiantes a asentarse.

Incluya un momento de atención plena o un juego antes de la apertura, para ayudar a los estudiantes a tranquilizarse.

Deje que utilicen artefactos especiales, como un juguete antiestrés.
Note: Para algunos estudiantes, esto es una distracción abrumadora; utilizar a su discreción.

Aliente a todos los estudiantes a compartir una palabra o unas pocas palabras durante una ronda de testimonio para demostrar el escuchar atento.

Proporcione pautas que los estudiantes encuentren divertidas, atractivas, e importantes.

Utilice cada ocasión para el refuerzo positivo: "Gran trabajo hoy haciendo una pausa con la pieza de hablar …" "Gran trabajo hoy utilizando una señal silenciosa…"

Dígale a los estudiantes que reflexionen en lo que hace o no exitoso a un concilio.

Cuando no esté en el concilio, refiérase a las cualidades de habla o escucha que desea alentar. "Escuchemos a Sandra hablar como si estuviéramos en el concilio."

Como observa un maestro de jardín de niños: "Cuando le decimos a los niños, 'este es un lugar seguro', los niños lo probarán trayendo el conflicto y la sombra. Empiezan a sentir, 'este es mi lugar, yo pertenezco aquí'. Traerán las áreas de sus vidas con las que necesitan ayuda, estrés en sus familias, la falta de amigos, la mortalidad en sí mismos y el mundo, todas las cosas sobre las que se estresan los niños modernos, y permitir que este material entre en la consciencia del grupo es una forma profunda de respeto. Para los maestros que quieren honrar su propia vida interior y la de los estudiantes, el concilio es una herramienta estructurada pero flexible. Pero no se puede utilizar sin el compromiso de crear un contenedor seguro para lo que surja de su grupo, la construcción del respeto por sí mismo y su propia capacidad para apoyar a los niños, eso debe ser primordial."

ANEXO 3

Juegos para el concilio

(Contribuido por Camille Ameen, entrenadora de concilio certificada, actriz, instructora de arte y líder sin fines de lucro.)

Cuando empecé a aprender y impartir el concilio, me llamó la atención el concepto de "empezar con alegría." Como alguien que no le gustaban los juegos, luché con la idea de la importancia de incorporarlos. Desde aquellos días a principios de la década de los 90, he cambiado mi manera de pensar. Entendemos mucho más sobre el cerebro, la comunicación y la seguridad. Nadie puede mantenernos completamente a salvo. Al mismo tiempo, si una persona entra en su concilio, clase, taller u otro espacio sintiéndose inseguro, es muy difícil para ellos escuchar.

Además de crear un ambiente lúdico y valiente para los participantes, los juegos nos ayudan a desarrollar habilidades sociales, emocionales y de aprendizaje cognitivo más fuertes, como la autoconsciencia, la autogestión, la conciencia social, la empatía, las habilidades de relación y la toma de decisiones más responsables. A continuación, se presentan algunos juegos y actividades que ayudan a establecer una atmósfera sin prejuicios (es decir, más segura); un espacio creativo para el descubrimiento y experiencias compartidas. Mediante el uso de juegos divertidos, no competitivos y físicamente interactivos, ¡reímos *entre* nosotros en lugar de reírnos *de* nosotros!

Podemos "romper el hielo" jugando. Si involucramos a nuestro grupo a través de este tipo de juego, las personas se sentirán alentadas a explorar nuestras conexiones y vulnerabilidades, construir puentes como comunidad, unificar el entorno y extenderse más allá de nuestra zona de comodidad. Y el simple acto de moverse físicamente, cambiar de mirada, etc., puede ayudar a cambiar su energía y estado de ánimo. Los juegos también se pueden utilizar para la pura diversión del juego, lo cual es completo en por sí solo. Pueden ser una metáfora de las experiencias de vida y un gran punto de entrada para presentar una pauta para el concilio, incluyendo el arte, el movimiento, el teatro o los Concilios de escritura. En términos generales, después de terminar una actividad, se puede preguntar al grupo: "Además de divertirse, ¿de qué creen que se trata este juego?" Esto puede llevar a discusiones y a pautas del concilio.

La mayoría de estas actividades pueden ser apropiadas para diversas poblaciones y cualquier grupo de edad con adaptaciones simples. He estado ansiosa por compilar, adaptar y compartir estos juegos, desarrollados a lo largo de muchos años por maestros maravillosos y generosos, y hacerlo con gran aprecio y respeto.

Juegos para Romper el Hielo/para Conocers

"Echar el Animal de Peluche"

Una gran actividad de primer día para construir trabajo en equipo y apoyar la "escucha," la comunicación efectiva, la memoria... Puede utilizar las pelotas de tela ("hacky sacks"), pero pueden lastimar a alguien si se echan fuertemente. También son más difíciles de atrapar y quiere evitar hacer que alguien se sienta descoordinado. Lo que sea que utilice, asegúrese de que sean objetos que se puedan meter a la lavadora y lavar.

    1ª ronda: Establecer un patrón.

        Diga su nombre y algo sobre usted que le gustaría que supiéramos (lo que le gusta hacer, gustos/disgustos generales, signo astrológico, cinco roles que desempeña, un talento oculto que tenga, etc.). Puede establecer el tema o dejarlo abierto. Luego echan el peluche a alguien que aún no lo haya recibido. Basándose en el grupo, dicen "Gracias, (nombre)" y luego dicen su propio nombre y algo sobre sí mismos. Hágales saber que necesitan recordar de quién recibieron el animal y a quién se lo lanzaron. Todos reciben el peluche una vez.

2ª ronda: Utilice el mismo patrón, diciendo su nombre y el nombre de la persona a la que le lanzó el peluche. Utilice su juicio sobre una segunda pauta; si se tomó mucho tiempo en la primera ronda, sólo diga su nombre, el nombre de a quien se lo lanzará y arrojárselo a ellos. Si añade una pauta, podría ser algo más sobre sí mismo, sobre su familia (número de hermanos, dónde encaja en su familia, mascotas, hábitos familiares, como comer juntos, etc.), su origen cultural (raza, etnia, idioma, comida, festivales, música, vecindario, país de origen familiar, costumbres, etc.).

3ª ronda: Echan el animal en silencio siguiendo el mismo patrón. Siempre que sea apropiado, pregunte ¿qué tenemos que hacer para tener éxito en esto? ¿Contacto visual? ¿Echar el peluche suavemente para que pueda ser atrapado, en lugar de lanzarlo fuertemente a alguien? (Como una conversación, si le está "gritando" a una persona, ¡no puede oírlo/atrapar el objeto!) ¿Utiliza su visión periférica para asegurarse de que su peluche no colisione con otro peluche?

4ª ronda: Comience a agregar más peluches y vea cuántos pueden mantener en el aire. El objetivo de esta ronda es mantener a todos los peluches en el aire. Anote cuántos peluches pudieron mantener en el aire. La próxima vez que lo haga, puede desafiarlos a mantener un animal más en el aire.

Si el grupo se reúne durante un largo período de tiempo, puede hacer el mismo juego, pero la primera ronda podría ser algo como: mi nombre y una persona que admiro y por qué; lo que hice durante el Día de Acción de Gracias; dónde nací; de donde vinieron mis antepasados; un objeto o algo en la naturaleza que valoro; una comida/música/baile favorito de mi cultura; una cosa que me gusta de ser quien soy (raza, etnia, pasatiempos, etc.); un desafío acerca de ser quien soy; algo que admiro de alguien que es de una "cultura" diferente a la mía, etc.

Si eligió hacer un concilio de seguimiento, algunas sugerencias de pautas pueden ser: ¿Qué surgió para usted? Cuente una historia sobre un momento en el que habían muchas distracciones; ¿Qué ocurrió/cómo le afectó? Cuente una historia sobre un momento en el que tenía que hacer muchas cosas al mismo tiempo. Cuente una historia de un momento en el que dejó de hacer las cosas. Cuente una historia de algún momento en el que estaba al día con las cosas.

"El viento viene y toma a...":

Bueno para construir comunidad, descubrir lo que tenemos en común, aprender nuevas perspectivas... Esta actividad es como las sillas musicales: organice sillas en un círculo con una silla menos que el número de personas que participan. La primera persona se coloca en el centro y dice algo que es cierto sobre sí mismo: "El viento viene y se lleva a todos los que..." seguido de algo que es cierto sobre el orador. Todos a los que se aplica la declaración, también deben estar de pie. La persona en el centro mira a su alrededor y reconoce al grupo de pie y luego dice: "¡Ya!" Todos los que están de pie deben cambiar de asiento y quien no tenga silla se coloca en el centro y repite la secuencia. Recuerde hacerle saber a todos que no debe haber empujones. Además, nadie puede sentarse en su propio asiento; si es un grupo grande, deben moverse más de una silla.

Temas sugeridos que el facilitador puede ofrecer para que el orador siga:

1. Objetos simples/cosas observables (todos los que llevan jeans, los que tengan las orejas perforadas, el cabello rizado, etc.).

2. Gustos/disgustos simples (a todos los que les gustan los videojuegos, la música clásica, el soccer, les gusta coleccionar monedas / a todos los que no les gustan las arañas, etc.).

3. Cosas de la familia/hogar (su cultura, todos los que tienen un hermano menor, mascotas, padres divorciados, etc.).

4. Triunfos que haya tenido/desafíos que se haya enfrentado (todos los que han ganado un premio, han perdido a un familiar, tienen problemas con las matemáticas, etc.)

5. Sueños/esperanzas/miedos/deseos/creencias.

6. O cualquier otra cosa...

Opcional: después de jugar durante unas cuantas rondas, añada que la persona en el centro debe decidir, antes de decir "*Ya,*" cómo todo el mundo debe moverse para llegar a otra silla (todo el mundo debe saltar, saltar en un pie, en dos pies como un conejo, hacer el "Moonwalk," de lado, como un zombi, dando vueltas, cantando, bailando, etc.).

Esta actividad se presta para hablar de lo que hizo durante la semana, vacaciones de primavera, Día de Acción de Gracias, etc. Las ideas para las pautas en los Concilios de seguimiento incluyen: ¿Qué surgió para usted? ¿Qué aprendió sobre otra persona (nuestro grupo)? ¿Algún tema surge de nuestras respuestas?

"Tome una posición/avance/aparezca"

Este es ideal para conocernos más profundamente, explorar dónde estamos ahora mismo... Cuando se juegue en vivo, el grupo puede sentarse en un círculo; cuando una declaración aplique para alguien, puede ponerse de pie (si ya está de pie en un círculo, puede dar un paso adelante). Cuando se juegue en una sesión en línea (a través de Zoom, por ejemplo), se puede hacer haciendo que los participantes usen la función "levantar la mano," o pedir a todos que apaguen sus cámaras y que seleccionen "ocultar participantes que no tengan video"; cuando quieran "ponerse de pie," pueden encender sus cámaras para reaparecer. Si el grupo es mucho más grande que una sola pantalla de participantes, y tiene facilitadores adicionales, utilice salas de grupos para que todos en el grupo más pequeño puedan ver fácilmente quién ha "aparecido."

El facilitador dice declaraciones a las que todos puedan responder (las cuales no tienen que ser ciertas para el facilitador). Los participantes para los que la declaración es verdadera se levantan/dan un paso adelante o, si están en línea, indican de la manera establecida. Dependiendo del grupo, puede invitar a otros a hacer declaraciones que sean verdaderas sobre ellos mismos, para que otros también respondan (como con "El Viento Viene y Toma a...") Algunas preguntas posibles incluyen "*Levántense/Den un paso adelante/Enciendan la cámara si...*"

>...alguna vez han tenido un perro/gato de mascota (invítelos a compartir el nombre).
>
>...alguna vez han tenido una mascota que no es un perro o un gato (invítelos a decir qué tipo de mascota y su nombre).
>
>...bailaron solos la semana pasada (tal vez quiera invitarlos a mostrar un poco de su baile, y tal vez hacer que todos se unan).
>
>...leyeron algo que no fueran las noticias durante la semana pasada (puede preguntar lo que leyeron y que compartan algo interesante de ello).
>
>...tocan un instrumento (si es posible, invítelos a tocar un poco, si es accesible).
>
>...cantaron algo durante esta semana (puede invitarlos a cantar una frase y que todos lo repitan, si así lo quieren).
>
>...coleccionan cosas (pídales que digan qué coleccionan y/o que muestren algo de su colección, si es posible).
>
>... las personas vienen a usted cuando necesitan ayuda (compartan, si es apropiado).
>
>... tuvieron una discusión o conflicto con alguien durante la semana pasada (compartan, si es apropiado).
>
>...son optimistas (compartan, si es posible).
>
>...esperan que ocurra algo bueno (compartan, si es posible).

Cuando haya desarrollado algo de confianza en el grupo, también puede usar esto para explorar la diversidad, la cultura, los prejuicios, etc. Algunas posibles pautas del concilio incluyen: ¿Qué surgió para usted? ¿Qué es algo que aprendió sobre otra persona (o nuestro grupo)? Hable de un momento en el que tuvo algo en común con alguien que lo sorprendió. Hable de un momento en el que pensaba que era el único que se sentía de una manera particular. Hable de un momento en el que sintió que era parte de un grupo o no era parte de un grupo.

Juegos de imaginación y perspectiva

"Esto es un..."

Útil para mostrar cómo todos vemos las cosas de manera diferente y la importancia de ver y respetar los diferentes asientos en el círculo; aborda la imaginación en la toma creativa de riesgos... Cuando trabaje en persona, utilice un objeto (como una esponja de baño en un cepillo de para fregar, una paleta GRANDE, una bufanda larga, un trapeador limpio, etc.). Con todos de pie en un círculo, explique que esto *puede parecer* (por ejemplo) una esponja de baño, etc., pero en realidad es un arete para un gigante, y utilícelo o muéstrelo como un arete colgante. El objeto se pasa a la siguiente persona, que dice "*No, eso no es un arete para un gigante...*" (o lo que la persona anterior haya dicho), "*...es una caña de pescar*" (por ejemplo), y demuestre su uso como eso. Lo mejor es que todos sepan por adelantado que sólo tienen 5 segundos (por ejemplo) para inventar algo, y el grupo debe asegurarse de que nadie repita nada de lo que ya se haya dicho. Además, como sea que llamen el objeto real, debería tener algún parecido con la forma de cualquier objeto que utilice. Y, asegúrese de hacerles saber que tiene que ser apropiado (si son menores de edad, que sea apto para niños y evitar los objetos violentos).

Nota: Si a alguien no se le ocurre nada, hágale saber que puede presentar algo en la siguiente ronda. O, si esta es la última ronda, que volverá a ellos antes de terminar. Y si hay algunos a los que realmente les gusta, se puede preguntar si aquellos que todavía tienen ideas quieren tener una "competencia." Si lo hacen, deben dar un paso hacia el centro del círculo. ¡Esta debería ser una competencia amistosa!

La variante en línea para este juego requiere un poco de adaptación: Pídale a todos que tengan una pluma o lápiz de tamaño estándar con ellos. Establezca el orden de su "círculo." Dependiendo de la población y el tamaño de su grupo, es posible que desee poner a las personas en salas de grupo de 7-12 personas. Hágale saber a los participantes el orden del círculo; un voluntario puede escribir los nombres de todos y leer la orden. Si las personas no se conocen, puede comenzar con las presentaciones (nombre, de dónde se están uniendo, una cosa por la que están agradecidos o algo más que compartir). Si se utilizan salas de grupo, una buena regla general para el tiempo es de aproximadamente diez minutos para siete participantes (añada un minuto para cada persona si son más de siete). Las instrucciones deben repetirse y el tiempo debe mostrarse un temporizador en la pantalla, si es posible.

Para empezar, el facilitador muestra su pluma/lápiz y dice: *"Esto puede parecer un lápiz/pluma, pero en realidad es un Hisopo/Una palanca de un auto deportivo/Una varita mágica/etc."* Muéstrelo en acción en función de cómo lo identifique. Pase el objeto a la siguiente persona en el orden predeterminado del círculo, quien lo recibe y le dice: *"No, eso no es un _____, es un _____"* mostrando ambos usos. El juego progresa como en lo anterior.

Después de jugar, considere hacer un concilio sobre cómo todos vemos las cosas de manera diferente y que no siempre hay una respuesta "correcta"; ver las cosas de manera diferente puede ser una oportunidad para que ampliemos nuestra perspectiva y nuestra capacidad de entendernos mejor. Algunas ideas para las pautas: Cuente una historia sobre un momento en el que cambió de opinión sobre alguien. Cuente una historia sobre un momento en el que no estaba de acuerdo con alguien y cómo lidió con ello. Cuente una historia sobre un momento en el que escuchó/vio algo y cambió su perspectiva. Cuente una historia sobre un momento en el que estereotipó a alguien, o en el que vio a otro estereotipar a alguien. ¿Qué sucedió? Cuente una historia sobre un momento en el que estuvo con alguien muy diferente a usted.

"Afortunadamente – Desafortunadamente":

Un juego que estimula la imaginación, ayuda/desafía a las personas a ver diferentes perspectivas (las buenas y las desafortunadas), se enfoca en escuchar, refuerza la colaboración y la construcción sobre las ideas de los demás...

En caso de que se juegue en persona, se deben parar/sentar en un círculo. Si se juega en línea, dependiendo de la población y el tamaño de su grupo, es posible que desee poner a las personas en salas de grupos de aproximadamente 7-10, o dividir el grupo por la mitad y tener la mitad en espera, mientras que la otra mitad es una audiencia, y luego cambiar.

Una persona comienza una historia con *"Afortunadamente..."* o *"Desafortunadamente..."* y presenta a nuestro personaje principal (nombre, edad, ubicación, lo que está sucediendo, y cualquier otra cosa que quieran decir). La historia puede ser sobre cualquier tipo de personaje (humano, animal, planta, mágico, un objeto que habla, etc.). Cuando la primera persona termina, la siguiente persona se basa en lo que dijo la primera persona, pero desde la perspectiva de la palabra opuesta. Si la primera persona comenzó la historia con *"Afortunadamente..."* la siguiente persona comenzará la siguiente parte con *"Desafortunadamente...."* Todos dicen hasta 3 frases para contribuir a la historia.

A continuación, se presenta un ejemplo:

> 1ª persona: *"Afortunadamente Daisy se despertó con un hermoso día. Corrió hacia la ventana y vio el sol brillando. Daisy pensó: ¡este es el día perfecto para mi fiesta de cumpleaños número 9!"*

> Siguiente persona: *"Desafortunadamente, una hora más tarde, Daisy vio que había una enorme nube de tormenta justo sobre su casa. De repente, con un rayo gigante, ¡comenzó a cántaros! Su madre dijo: ¡Oh no, qué desastre para tu fiesta de cumpleaños!"*

> Siguiente persona: *"Pero, afortunadamente, Daisy amaba la lluvia, así que salió corriendo a jugar afuera."*

Next Siguiente persona: *"Desafortunadamente..."* y así sucesivamente.

Continúe alrededor del grupo alternando de un lado a otro entre *"Afortunadamente"* y *"Desafortunadamente"* hasta que la historia llegue a su fin o el facilitador decida terminar.

Nota: Puede elegir terminar la historia con la última persona de su grupo, o dar la vuelta dos veces. Si tiene tiempo, podría hacer una segunda historia, tal vez sobre magia, un misterio, una aventura, un género en particular, etc. Comience con otra persona que inicie con la palabra opuesta de la primera ronda. Sea gracioso, tonto, dramático... lo que quiera.

(El libro infantil "Afortunadamente," de Remy Charlip, podría ser algo que quiera leer antes de jugar el juego para los participantes más jóvenes.)

Si quiere seguir este juego con un concilio, algunas sugerencias para las pautas incluyen:

Comparta una historia sobre un momento en el que pensó que estaba "atascado" y lo que ocurrió. Hable de un momento en el que ayudó a otra persona que pensaba que estaba "atascado" y lo que sucedió. Hable de una vez que tuvo un obstáculo en su camino. Habla de un momento en el que pensó que todo iba muy bien, o no genial, y lo que ocurrió.

Note: Para aquellos interesados en juegos y actividades adicionales adecuados para sesiones del concilio, Camille ha compilado un folleto, disponible si se pone en contacto con ella directamente al correo muscletn@wgn.net.

Fuentes seleccionadas para lectura adicional

Baldwin, Christina. 1998. *El Llamado del Círculo: La Primera y Futura Cultura.* Editorial Bantam Doubleday Dell.

Baldwin, Christina. 2010. *El Camino del Círculo: Un Líder en Cada Silla.* Editorial Berrett-Koehler.

Baldwin, Christina. 2005. *El Atrapacanciones: Dándole Sentido a Nuestras Vidas A Través del Poder de la Práctica de la Historia.* New World Library.

Bays, Jan Chozen. 2014. *Atención plena Sobre la Marcha.* Editorial Shambhala.

Brady, Mark. (Ed.). 2003. *La Sabiduría de Escuchar.* Editorial Wisdom.

Brown, Brené. 2015. *Atreverse a lo Grande: Cómo Tener la Valentía de ser Vulnerables Transforma la Manera en que Vivimos, Amamos, Somos Padres, y Lideramos.* Avery.

Boal, Augusto. 2002. *Juegos para Actores y No Actores.* Routledge.

Boyes-Watson, Carolyn. 2008. *Círculos para la Paz y la Juventud Urbana.* Living Justice Press.

Buhner, Stephen Harold. 2004. *Las Enseñanzas Secretas de las Plantas.* Bear and Company.

Cahill, Sedonia & Halpern, Joshua. 1990. *El Círculo Ceremonial: La Práctica, El Ritual, y la Renovación para la Salud Personal y Comunitaria.* HarperCollins.

Campbell, Joseph. 2008. *El Héroe de Mil Rostros.* New World Library.

Coyle, Daniel. 2018. *El Código de la Cultura.* Bantam.

Forest, Ohky Simine. 2009. *Soñando con el Camino del Concilio: Enseñanzas Nativas Reales del Red Lodge.* Red Wheel/Weiser.

Foster, Steven. 1989. *Libro de Búsqueda de la Misión: La Transformación Personal en la Naturaleza.* Touchstone Books.

Foster, Steven & Little, Meredith. 1989. *El Rugido del Río Sagrado.* Simon & Schuster.

Glassman, Bernie. 1998. *Testimonio: Lecciones para la Paz de un Maestro Zen.* Bell Tower.

Goleman, Daniel. 1995. *Inteligencia Emocional.* Bantam Books.

Graveline, Fyre Jean. 1998. *Los Trabajos del Círculo: Transformando la Consciencia Eurocéntrica.* Editorial Fernwood.

Greenland, Susan Kaiser. 2010. *El Niño Consciente.* Atria Books.

Halifax, Joan. 2004. *La Oscuridad Fructosa.* Grove Press.

Halifax, Joan. 1979. *Voces Chamánicas.* EP Dutton.

Halifax, Joan. 2018. *De Pie en el Límite.* Flatiron Books.

Huang, Chungliang Al & Lynch, Jerry. 1995. *El Asesoramiento, el Tao de Dar y Recibir Sabiduría.* HarperOne.

Johnson, Robert. 1994. *Ser Dueño de Su Sombra.* HarperSanFrancisco.

Johnson, Robert. 2001. *Surgimiento: La Vida Conectada de las Hormigas, los Cerebros, las Ciudades y el Software.* Scribner.

Kessler, Rachael. 2000. *El Alma de la Educación: Ayudando a los Estudiantes a Encontrar Conexión, Compasión y Carácter en la Escuela.* Asociación para la Supervisión y el Desarrollo del Plan de Estudios.

Macy, Joanna. 1998. *Volver a la Vida: Prácticas para Reconectar Nuestras Vidas, Nuestro Mundo.* Editorial New Society

Macy, Joanna, Seed, John & Fleming, Pat. 2007. *Pensar como una Montaña: Hacia un concilio de Todos los Seres.* New Catalyst Books.

Mattis-Namgyel, Elizabeth. 2011. *El Poder de una Pregunta Abierta.* Shambhala.

Mille Bojer, Marianne, Roehl, Heiko, Knuth, Marianne & Magner, Collen. 2012. *Trazando el Diálogo: Herramientas Esenciales para el Cambio Social.* Editorial Taos Institute.

Murdock, Maureen. 1987. *Girando hacia Adentro: El Uso de Imágenes Guiadas con los Niños para el Aprendizaje, La Creatividad Y La Relajación.* Editorial Shambhala.

Murthy, Vivek H. 2020. *Juntos: El Poder Curativo de la Conexión Humana en un Mundo a Veces Solitario.* Harper Wave.

Peck, M. Scott. 1987. *El Tambor Diferente: Hacer Comunidad y Paz.* Touchstone.

Plotkin, Bill. 2007. *La Naturaleza y el Alma Humana: Cultivar la Plenitud y la Comunidad en un Mundo Fragmentado.* New World Library.

Pranis, Kay. 2005. *El Pequeño Libro de los Procesos del Círculo, Un Nuevo/Antiguo Enfoque para la Construcción de la Paz.* Little Books of Justice & Peacebuilding.

Pranis, Kay; Stuart, Barry & Wedge, Mark. 2003. *Círculos de Pacificación: Del Crimen a la Comunidad.* Living Justice Press.

Ross, Rupert. 1996. *Volviendo a las Enseñanzas: Explorando La Justicia Aborigen.* Penguin Books.

Scharmer, Otto. 2013. *Dirigir desde el Futuro Emergente.* Editorial Berrett-Koehler.

Scharmer, C. Otto, Jaworski, Joseph, & Flowers, Betty Sue. 2004. *Presencia.* Doubleday.

Senge, Peter, et al. 2018. *Presencia.* Currency.

Spolin, Viola. 1986. *Juegos Teatrales para el Aula.* Northwestern University Press.

Zehr, Howard. 2015. *El Pequeño Libro de la Justicia Restaurativa.* Good Books.

Zimmerman, Jack & Coyle, Virginia. 2009. *El Camino del Concilio.* Bramble Books.

Zimmerman, Jack & McCandless, Jaquelyn. 1998. *Carne y Espíritu.* Bramble Books.

    Y los poemas de Wendell Berry, Hafiz, Mary Oliver, Rainer Maria Rilke, Jelaluddin Rumi, William Stafford, Derek Walcott, y David Whyte

SOBRE EL AUTOR

Jared Seide es el director ejecutivo del Center for Council (centerforcouncil.org), una organización sin fines de lucro que capacita a los profesionales en *mindfulness* y da concilio para promover el bienestar y la resiliencia, fomentar la compasión y construir una comunidad. Seide tiene una vasta experiencia en trabajo con escuelas, organizaciones de atención médica, centros de atención para ancianos, prisiones, organizaciones policiales, organizaciones comunitarias y empresas para promover el bienestar y la resiliencia individual y fomentar organizaciones y comunidades prósperas.

Seide ha desarrollado y guiado: *Peace Officer Wellness, Empathy & Resiliency Training* (Capacitación en bienestar, empatía y resiliencia para oficiales de paz) para promover la salud, la relación y la compasión entre la policía y los oficiales penitenciarios; *Compassion, Attunement & Resilience Education for Healthcare Professionals* (Educación en compasión, sintonización y resiliencia para profesionales de la salud), enfocándose en el agotamiento y la desregulación entre médicos, enfermeras y otros socorristas; *Council for Insight, Compassion & Resilience* (concilio para la comprensión, compasión y resiliencia), un galardonado programa de rehabilitación orientado a la rendición de cuentas y visión transformacional para poblaciones encarceladas; el *Organizational Wellness Project* (Proyecto de Bienestar Organizacional), para ayudar a construir una cultura organizacional positiva dentro de las empresas públicas y privadas; así como otros programas basados en el concilio para apoyar y proporcionar recursos a las comunidades afectadas y a los líderes emergentes.

Seide ha facilitado capacitaciones y retiros centrados en la compasión, la reconciliación y la construcción de la comunidad en los EE. UU., Así como en Polonia, Ruanda, Francia, Colombia y Bosnia-Herzegovina. Ha dirigido talleres, presentaciones y seminarios de conferencias en todo el mundo y ha sido miembro residente en el Bellagio Center de la Fundación Rockefeller. Seide es graduado de la Universidad de Brown y el programa de capellanía del Instituto Upaya.

www.ingramcontent.com/pod-product-compliance
Lightning Source LLC
Chambersburg PA
CBHW081506080526
44589CB00017B/2662